KB102311

_____ 님의 소중한 미래를 위해
이 책을 드립니다.

초간단 교양 1분만

초간단 교양 1분만

1분만 지음

메이트북스

메이트북스 우리는 책이 독자를 위한 것임을 잊지 않는다.
우리는 독자의 꿈을 사랑하고,
그 꿈이 실현될 수 있는 도구를 세상에 내놓는다.

초간단 교양 1분만

초판 1쇄 발행 2023년 11월 22일 | 지은이 1분만
펴낸곳 (주)원앤원콘텐츠그룹 | 펴낸이 강현규·정영훈
책임편집 남수정 | 편집 안정연·최주연 | 디자인 최선희
마케팅 김형진·이선미·정채훈 | 경영지원 최향숙
등록번호 제301-2006-001호 | 등록일자 2013년 5월 24일
주소 04607 서울시 중구 다산로 139 랜더스빌딩 5층 | 전화 (02)2234-7117
팩스 (02)2234-1086 | 홈페이지 matebooks.co.kr | 이메일 khg0109@hanmail.net
값 17,000원 | ISBN 979-11-6002-415-9 03900

중요한 것은 결코 질문을 멈추지 않는 것이다.
호기심은 그것 자체만으로도 존재에 대한 이유를 가지고 있다.

• 아인슈타인(미국의 이론 물리학자) •

지식 날개에
깃털을 꽂아줄
'1분만'의
두 번째 이야기!

알아가기를 좋아하는, 호기심으로 똘똘 뭉친, 채워가는 즐거움을 아는 저희 '1분만' 팀과 여러분이 모여 벌써 두 번째 책이 나왔습니다.

사람은 늘 알고 싶은 욕구가 있고, 또 복잡한 세상의 한 축이 되기 위해 알아야 할 것도 정말 많습니다. 하지만 바쁜 현생에 이 모든 것들을 채우기란 쉽지 않죠. 너무 바빠서 유튜브 볼 시간도 없는 현대인을 위한 초간단 채널 '1분만'이 인기가 많은 것도 그런 이유일 겁니다.

그렇게 모두를 위해 시작한 저희 '1분만'은 벌써 3년 가까이 되는 시간 동안 매일같이 여러분의 궁금증과 지식을 채우며 활력을 느끼고 있습니다. 궁금해도 누가 알려주지 않는 것, 살아가는 데 꼭 필요한 사실, 한계 없는 광범위한 분야의 모든 지식을 함께 함양해나갈 수 있다는 사실이 정말 자랑스럽습니다.

'지식은 하늘을 나는 날개'라는 말이 있듯, 다양한 지식을 담아가는 것은 정상으로 나아가는 데 가장 큰 힘이 됩니다. 저희 '1분만'은 단순히 재밌는 콘텐츠만을 제공하는 것이 아닌, 분야를 막론하고 여러분의 날개에 깃털을 꽂는 조력자가 될 것입니다.

Just 1 minute

지은이의 말

차례

1장   이런 사회문화적 배경이 있더라고

2장 사람의 마음은 대체 왜 그럴까?

아니, 법이 그렇단 말이야?

3장

다 과학적인 이유가 있더라고

4장

5장 인체의 신비, 궁금하지 않아?

음식 뒤에 숨겨진 흥미로운 사실들!

6장

Just 1 minute

1장

이런 사회문화적
배경이 있더라고

쓰레기를 화산에 넣어
없애면 안 될까?

전 세계적으로 쓰레기 처리 문제가 대두되고 있잖아.

근데 이 쓰레기들을 뜨거운 용암에 넣어버리면

소리 소문 없이 알아서 사라져줄 것 같은데

쓰레기를 화산에 넣어서 없애버릴 순 없을까?

획기적인 아이디어라 생각해서

환경부에 제보하려 했는데

이런 방법으로 쓰레기를 처리하면 안 되는

과학적인 이유가 있더라고.

먼저 용암은 불타는 불닭 소스마냥 활활 타올라서

뭐든 녹여버릴 수 있을 것 같지만

생각보다 용암이 녹일 수 없는 것들이 많아.

용암마다 온도가 제각각이긴 하지만

보통은 섭씨 800~1,200℃ 정도인데,
철 같은 물질을 녹이려고만 해도
1,500℃가 넘어가야 녹는단 말이야.
그래서 고철조차 녹이기 어렵다는 문제가 있어.

또 다른 문제로는 우리가 쓰고 남은
플라스틱 쓰레기 같은 걸 화산에 넣으면
용암 속에서 녹는 과정 중에 유독가스가 나오는데,
이런 유독가스들이 공기 중을 떠돌면
근처에 있는 식물이나 생명체의
호흡에도 영향을 미치고
자칫하면 목숨까지 위협할 수 있어.
근처에 살던 사람이나 동물들은
마른하늘에 강제 화생방 훈련을 선사받게 되는 거지.

그리고 화산에 쓰레기를 버릴 때
종량제 봉투 한두 개 정도 버릴 것도 아니잖아.
엄청난 양의 쓰레기를 버리면
오히려 용암이 질질 새기만 하던 화산을 자극해서
폭발시켜버릴 수도 있어.

이런 여러 문제로 화산에 쓰레기를 넣을 수는 없어.
잠시만 기다려라 환경부,
더 좋은 아이디어 갖고 올 테니까!

왜 시내버스에는
안전벨트가 없을까?

차를 타면 가장 먼저 안전벨트를 매야 하잖아.

택시를 타도 벨트를 매고,

비행기를 타도 벨트를 매고,

그리고 여행 가는 버스 안에서도 벨트를 매는데

왜 시내버스는 벨트가 없을까?

일단 자동차나 자동차 부품에 관한 성능과 기준에 대한 규칙

제27조 1항에 따르면

시내버스에는 안전벨트를

설치하지 않아도 된다는 규정이 있어.

시내버스는 움직이는 구간이 400~800m 정도로

정거장당 이동구간이 짧은데

짧게 왔다 갔다 하는 거리에서

벨트를 묶었다 풀었다 하면
몹시 비효율적이기 때문이야.

또한 짧은 이동구간 사이에도
시내에는 신호등이 많아서
버스가 신호의 통제를 받게 되니까
빠르게 속도를 낼 수가 없고,
버스는 다른 차들에 비해 질량도 크고 무거워서
사고가 나도 피해가 적어.
버스가 다른 승용차와 부딪쳐도
피해는 대부분 그 승용차가 입게 되지.

그리고 버스의 특성상 서서 가는 승객들이 많은데
이 승객들까지 벨트를 착용시키기 어렵다는 이유도 있어.
이 문제를 해결하기 위해서는
버스의 모든 자리에 벨트를 설치해야 하고
벨트를 하기 위해
벨트의 개수만큼 사람을 받는 지정제를 도입해야 되는데,
이렇게 되면 많은 사람이 탈 수 없고
버스를 여러 대 운행해야 하는 등
매우 비효율적이야.

결국 많은 사람이 탈 수 있는 효율을 챙겨야 하고
다른 차량에 비해 사고 위험성이 낮기 때문에
시내버스에는 벨트가 없다는 거야.

왜 크리스마스에만
이브가 있을까?

다른 기념일과 다르게 크리스마스는

당일과 전날인 이브까지 이틀을 기념하는데

크리스마스에는 왜 이브가 있는 걸까?

먼저 크리스마스 뒤에 붙는 이브는

밤을 나타내는 eVening의 줄임말인 eVe를 사용하는데

한마디로 '크리스마스 전날 밤'이라는 뜻이야.

크리스마스는 예수님의 탄생일인 만큼

이브는 예수님이 탄생하기 직전의

거룩한 밤을 기념하기 위해 만들어진 날이지.

그런데 요즘은 크리스마스 이브가

종교적인 의미를 담은 날이라기보다는

커플들이 데이트하는 날이 되어버렸는데

이브가 커플의 날이 된 데도
다 역사적인 이유가 있더라고.

과거 우리나라는 통금시간이라는 게 있었는데
자정부터 새벽 4시까지
집 밖을 함부로 돌아다닐 수 없었고,
그 시간에 마음대로 돌아다니다 걸리면 벌금까지 냈어.
그런데 크리스마스 이브엔 이 통금시간을 풀어줘서
이날만큼은 연인들이
뽕을 뽑아서 밤새 데이트를 한 거야.
이때부터 크리스마스는 집에 가지 않고
연인들이 함께 시간을 보내는 날로 굳어져버린 거지.

그런데 혹시 다들 성의 6시간이라고 알아?
12월 24일 오후 9시부터
12월 25일 오전 3시까지의 6시간은
1년간 가장 '야스'하는 사람이 많은 시간이야.
너의 지인이나 친구도 빠짐없이 야스를 하고 있어.
평소에는 착하고 순수한 그 친구들도,
오래 짝사랑한 너의 그 사람도,
심지어 미래의 너의 연인이나 결혼할 상대도
틀림없이 야스를 하는 중이겠지.
혹시 생일이 10월 초인 사람?

중요한 약속을 할 땐
왜 새끼손가락을 걸까?

중요한 약속을 할 때면

서로 새끼손가락을 걸고

엄지손가락으로 도장까지 찍잖아.

약속을 할 땐 왜 새끼손가락으로 하는 걸까?

새끼손가락을 걸고 약속하는 것에 대한 정확한 정보는 없지만,

과거 일본에서 술과 몸을 팔며 돈을 벌던 유녀(遊女)들이

사랑하는 사람이 생겼을 때

새끼손가락을 잘라준 데서 유래되었다는 썰이 가장 유력해.

솔직히 유녀가 마음을 전하면

듣는 사람 입장에서는 믿기 어려울 거 아니야.

그래서 유녀들이 처음엔 자신의 사랑을 약속한다는 의미로

손톱을 뽑아주거나 머리카락을 잘라주면서

상대에게 마음을 전했어.

그런데 손톱이나 머리카락이나

일단 뽑거나 잘라도 다시 자라다 보니

손톱이나 머리카락으로는

상대방이 만족을 못 하는 거야.

그래서 유녀들은 더 확실한 방법으로

자기 새끼손가락을 잘라주기 시작했고,

이렇게 약속엔 새끼손가락을 이용하는 게 널리 퍼졌어.

그런데 계속해서 약속의 증표로

새끼손가락을 잘라줄 수는 없잖아.

결국 시간이 흐르면서 손가락을 잘라주기보단

손가락을 거는 쪽으로 바뀌었다는 거지.

그리고 스코틀랜드에서는

새끼손가락에 영적인 힘이 있다고 믿어서

새끼손가락을 걸며

영적으로 깊게 약속을 했다는 썰도 있어.

아무튼 이렇게 약속할 때

새끼손가락을 거는 건

거의 전 세계적으로 통하는 방법으로,

한국을 포함한 일본과 미국 모두

새끼손가락을 걸면서 약속하는 노래가 있을 정도지.

그런데 도대체 과거 일본에 무슨 일이 있었던 거야?

왜 거시기 수술을
고래를 잡는다고 할까?

**딱 1분만
집중해서 읽어봐**

어릴 때 학교에서 방학이나 주말 지나서
고래를 잡히거나 잡혀 온 친구들을 본 적 있지?
바나나처럼 뭐 직관적인 단어도 아니고
왜 하필 고래를 잡는다고 말하는 걸까?
이것도 다 문화적인 이유가 있더라고.

과거부터 우리나라를 비롯한 동아시아 문화권은
조금 부끄러운 이야기를 직접적으로 하지 않았어.
당연히 남성의 그것에 관한 것도
열심히 돌려서 표현하곤 했지.
그래서 포경수술 할 때 제거되는 표피라는 조직을
과거부터 포경이라는 이름으로 불렀어.
포는 무언가를 감싼다는 뜻의 '쌀 포(包)' 자를,

경은 줄기를 뜻하는 '줄기 경(梗)' 자를 쓴 거야.
한마디로 줄기 같은 무언가를 감싼다는 말이지.
그런데 이게 고래를 잡는다는 단어인
포경이라는 단어와 발음이 똑같거든.
무언가를 잡는다는 뜻의 '잡을 포(捕)' 자에
고래를 뜻하는 '고래 경(鯨)' 자를 썼으니
둘 다 포경이라고 부르게 된 거지.

그리고 근대에 들어서서
우리나라에 이 포경이라는 부분을 제거하는
포경수술이 시작되지.
아무리 에둘러 뜻을 정한 거지만
결국 단어가 여전히 민망하긴 하잖아.
그래서 이걸 다른 데 또 비유하고 싶었던 사람들은
포경수술과 고래를 잡는 포경의 발음이 같은 걸 보고
'고래를 잡는다' 식으로 둘러서 말하기 시작했지.
남자의 대단한 무언가를 잡는 포경수술과
바다의 대단한 무언가를 잡는 포경이
느낌이 비슷하니까 비유가 알맞았던 거야.

근데 보통 포경수술 하러 가기 전에
부모님이 돈가스 먹으러 가자고 속이잖아.
솔직히 고래처럼 대단한 걸 사냥하기 위해 낚는 건데
쩨쩨하게 돈가스는 너무한 거 아니야?

은행 점검시간엔
뭘 점검하는 걸까?

친구에게 돈을 보내주려고 하는데
마침 은행 점검시간이면
귀찮게 끝날 때까지 기다려야 하잖아.
은행 점검시간엔 대체 뭘 점검하는 걸까?
은행 점검시간이 있는 것도
다 구조적인 이유가 있더라고.

우리나라에서는 하루에도
수십, 수백만 명의 사람들이
은행을 통해 돈을 주고받아.
하지만 내가 누군가에게 돈을 보냈다고 해서
그 즉시 실제 돈이 옮겨지는 건 아니야.
사람들이 계좌이체를 할 때마다

매번 다른 은행으로 돈을 옮기다 보면

시간과 인력이 낭비되기 때문이지.

그래서 은행에서는 거래가 발생하면

일단 전자상으로만 처리한 뒤

점검시간에 그날 하루 동안 오고 간

금액을 정산해서 한꺼번에 옮기고 있어.

그런데 이때 누군가 돈을 송금하게 되면

정산하는 데 오류가 생길 수도 있어서

은행 점검시간에는 아예 시스템을 정지시키는 거야.

여기서 또 궁금증이 생기는 사람이 있을 텐데,

은행은 왜 다들 자는 새벽이 아니라

애매한 12시쯤에 점검을 하는 걸까?

그 이유는 은행 이자가 12시를 기준으로 정산되기 때문이야.

은행에서 관리하는 돈에는

예금이든 대출이든 전부 이자가 붙을 수밖에 없는데,

이자의 기준이 되는 12시 정각에

통장에 들어 있는 잔고를 확인해야

정확한 금액의 이자를 계산할 수 있거든.

결론적으로 원활한 은행 업무를 위해서는

점검시간이 꼭 필요하다는 거지.

후… 근데 두 달 전에 나한테 만 원 빌려 간 유정아!

혹시 아직도 은행 점검 중이니?

01:00

특수문자를 넘어도
똑같이 비번이 털린다고?

딱 1분만
집중해서 읽어봐

비밀번호를 만들려고 하면
자꾸 이것저것 조합하라고 하면서
진짜 사람 귀찮게 하잖아.
나는 내 정보 털릴까봐 보호해주는 줄 알았는데,
알고 보니 이렇게 복잡한 비밀번호를 만들어도
털리는 건 마찬가지라더라고.

20년 전쯤 미국 국립표준기술연구소에서 일하던
빌 버(Bill Burr)라는 분이
사람들의 계정을 보호하고자 하는 착한 마음으로
복잡한 비밀번호 가이드라인을 만들었고,
이 방식이 널리 널리 퍼져 나갔어.
근데 이렇게 복잡하게 만들면

계정 해킹 난이도 헬 게이트가 열릴 것 같잖아.
하지만 실제로 그렇지 않았어.

다들 비밀번호 좀 만들어봤으면 알 텐데
대부분 비밀번호에 생일이나 전화번호,
아니면 1234, 뭐 이런 걸 많이 붙인단 말이야.
솔직히 생일이나 전화번호 같은 건
해커가 마음만 먹으면 쉽게 털 수 있어.
게다가 특수문자를 넣을 땐
맨 앞이나 맨 뒤에 느낌표나 눈웃음, 골뱅이 같은 걸 넣는데,
대부분 사람이 이렇게 비밀번호를 만들다 보니
몇 번의 유추를 반복하면 계정은 쉽게 털 수 있어.

사실 빌 버가 만든 가이드라인이 효력을 발휘하려면
우리가 비밀번호를 만들 때
특수문자를 숫자 사이사이에 섞어 써야 될 텐데
정작 이건 모르는 거지.
이게 별 효력이 없어서 이걸 만든 빌 버도
자기가 그렇게 만든 것에 대해 후회한다고 했을 정도야.

아무튼 이 가이드라인이 쓸모없다는 결론이 나면서
최근엔 이렇게까지 복잡하게 만들지 않도록
새로운 가이드라인이 나왔어.
난 비밀번호가 갈수록 늘어나다가
나중엔 고대 문자까지 쓸 줄 알았는데….

태풍 이름은
도대체 누가 지을까?

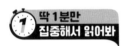

늘 여름이 되면

역대급 태풍이 온다면서 세상이 떠들썩하잖아.

뉴스만 봐도 태풍 이름이 엄청나게 오르내리는데

태풍 이름은 대체 어떻게 짓는 걸까?

이런 태풍 이름을 짓는 데도

다 사회적인 이유가 있더라고.

먼저 태풍은 아시아 태평양 지역에서 발생하는

강력한 폭풍우를 의미하는데,

한국, 캄보디아, 중국, 북한, 홍콩,

일본, 라오스, 마카오, 말레이시아,

미크로네시아, 필리핀, 태국, 미국, 베트남 등

총 14개 국가가 영향을 받고 있어.

하나의 태풍이 이렇게 다양한 나라에 영향을 미치다 보니
이름을 통일할 필요가 있었겠지?
그래서 이 나라들이 태풍위원회를 조직해서
나라마다 10개의 이름을 제출하고
140개의 이름을 순서대로 돌려가면서 사용하고 있어.
2022년 한반도를 강타한 초강력 태풍 힌남노도
라오스의 국립공원 이름으로
라오스가 공식 제출한 이름이지.

그리고 태풍은 보통 1년에 30개 정도가 발생하기 때문에
4~5년마다 이름이 반복되곤 하는데,
2003년에 매미라는 태풍이 왔었지만
그 이후에 매미라는 태풍 이름을 들어본 적 없지?
그 이유는 바로 태풍위원회가 매년 초에
140개의 태풍 이름 중에서
부적합한 것들을 제외하기 때문이야.
매미같이 큰 피해를 입힌 태풍은
불길하다는 이유로 제명시키는 거지.
우리나라가 제출한 이름으론 소나무의 발음이
쓰나미랑 비슷하다고 제명당하기도 했어.
태풍 말고도 허리케인 같은 타 지역의 폭풍우도
비슷한 방식으로 이름이 정해지는데,
이렇게 평범한 소나무도 제명시키면서
'야스'는 개오바지.

각 나라의 인구수는
도대체 어떻게 셀까?

세계 인구수가 80억 명이 다 되어가는데
직접 하나씩 셀 수도 없고,
도대체 인구수는 어떻게 세는 걸까?

먼저 우리나라는 주민등록번호가 없으면
정상적인 일상생활을 할 수가 없어.
그래서 모든 대한민국의 국민은
태어나면서 출생신고를 하기 때문에
자연스럽게 우리나라 국민의 수가 측정되는 거야.
중국, 브라질, 스페인 같은 나라도
우리나라와 비슷한 시스템이지.
하지만 과거 중국의 경우 자식을 2명 이상 낳으면
불이익이 있는 등의 이유로

제대로 신고가 이루어지지 않아서
한국만큼 정확한 수치를 알 수는 없어.
미국 같은 경우는 사회보장번호라는
고유 번호가 있긴 한데
발급받는 것이 의무 사항이 아니기도 하고,
심지어 캐나다나 호주, 영국 같은 나라는
이런 번호 시스템 자체가 없어.

그럼 이런 나라들은 어떻게 인구수를 세는 걸까?
UN이 밝힌 인구 조사 방법을 보면,
일단 국민의 수를 설문을 통해 추정해.
그다음 출생신고자와 이민 온 사람들을 더하고
사망신고자와 이민 간 사람들을 빼는 거야.
이걸 매년 1월 1일에 새로 산출하는 거지.
그래서 미국 같은 나라는 인구를 측정한다고 하지 않고
인구를 추정한다고 표현하고 있어.
인구수를 발표할 때도 정확한 수치가 아니라
최소 인구, 중간 인구, 최대 인구로 나눠서 발표하지.

결론적으로 모든 국민의 수를 세면서 관리하는 나라는
세계에 그렇게 많지 않고
그중에서도 한국이 압도적이야.
덕분에 우리나라는 치안도 매우 좋은 편이지.
후… 오늘도 자랑스러운 K-주민등록증 덕에 국뽕이 차오른다!!

핵이 터지면
어떻게 될까?

세계 군사력 2위에 달하는 러시아가
우크라이나의 강한 투지와 미국의 지원 앞에서
쪽을 못 쓰며 패색이 짙어지는 중이야.

결국 러시아의 푸틴도 핵을 언급하게 되었고
서방의 많은 나라들도
러시아가 핵을 사용할 수도 있다고 생각하는데,
핵이 터지면 도대체 어떻게 될까?

일단 러시아가 갖고 있는 표준 핵무기를 기준으로
900m 반경의 모든 물질이 증발해서
태양과 맞먹는 수준의 온도가 발생하거든.
그리고 7~8km 반경까지 충격파가 전달되어서

대부분의 건물은 무너지게 되고,
사람은 장기나 고막에
심한 손상을 입고 죽거나 다치지.
그리고 11km까지 고온이 전달되어서
나무 등의 탈 수 있는 온갖 물질에 불이 붙고
온통 불바다가 될 거야.
운 좋게 살아남아도 방사선에 노출되어
몇 주 안으로 사망하지.

사실 이건 단 한 개의 탄두만 말한 건데,
러시아는 이게 10발 정도 탑재된
'불라바'라는 미사일이 있고,
이 불라바는 잠수함에 16개가 탑재된대.
한마디로 핵폭탄 160개를
잠수함 하나가 갖고 다니는 거지.
그 위력은 히로시마 원자폭탄의 1,600배에 달해.
한마디로 러시아는 마음만 먹으면
지구를 리셋시킬 수 있는 나라야.

하지만 러시아가 이렇게까지 핵무기를 쓰면
미국도 러시아를 리셋시켜줄 테니,
러시아는 저위력의 전술 핵무기를 사용해
우크라이나 군만 공격할 것이란 분석도 있어.

01:00

행복지수는
어떻게 평가할까?

"한국은 불행하다." "핀란드는 제일 행복하다."
이런 말 많이 들어봤지?
나 스스로도 내가 얼마나 행복한지 모르는데
지들이 뭐라고 저렇게 분류하고 있는 걸까?

일단 '지들'이라는 애들은
자그마치 UN의 산하기구야.
SDSN(지속가능발전해법네트워크)이라는
어느 정도 공신력도 있고 좀 치는 녀석들이지.
SDSN은 주관적인 행복을 측정하기 위해
'캔트릴 사다리 척도 설문'이라는 걸 시키는데,
수십 개가 넘는 상황별 자가 진단 질문을 던져주고
0부터 10점 사이의 점수를 매기는 거야.

질문의 예시를 줄게.

'최근 들어 얼마나 본인 삶에 만족하는가?'

'지금 하는 일이 얼마나 가치 있는가?'

'행복한가. 걱정이 많은가. 우울한가?'

'사다리의 어디쯤 올라가 있는가?'

뭐 이런 거야.

이런 설문뿐만 아니라 다른 데이터도 끼워 맞춰.

북한 주민 같은 애들이 눈치 보느라

싹 다 10점 만점 찍을 걸 방지한 거지.

국민의 평균 수명과 건강 수준,

소득 수준, 국가의 지원 수준,

GINI(경제적 불평등 지수),

심지어 행정·사법 기관이 얼마나 신뢰도 있는지까지 보지.

근데 여기서 핀란드가 1등,

우리나라는 62등을 차지했어.

한마디로 우리가 엄청 불행하단 거야.

잘 생각해보면 우리나라는 빈부격차도 크고

스스로도 우울하다고 생각하는 사람이 많은 것 같아.

근데 진짜 우리가 저런 말도 안 되는 순위를 받은 건,

안 그래도 바쁜 한국인들 잡아다가 귀찮게

저런 이상한 질문 수십 개를 던져줘서

더 짜증나게 해선 아닐까?

영화관 의자는
왜 빨간색일까?

영화관이나 극장 의자들을 보면

거의 대부분이 빨간색이잖아.

다른 색도 많은데 왜 하필 빨간색을 사용하는 걸까?

일단 가장 널리 알려진 이유는

붉은 계열의 색이 가진 고급스러운 이미지 때문이야.

예로부터 빨간색 원단은 구하기도 힘들고

가격도 비싸다 보니

중세 유럽에서는 빨간 옷이

귀족 계급의 전유물로 여겨지기도 했고,

조선시대 때도 상류층일수록

빨간 옷을 더 많이 입는 경향이 있었어.

그래서 문화생활을 즐기는 장소인 영화관에서도

인테리어에 빨간색을 사용해서
보다 고급스러운 느낌을 주려고 한 거지.

또 영화관은 워낙 넓다 보니
좌석 위치를 헷갈리는 경우가 많은데,
빨간색은 다른 색들에 비해
멀리서도 눈에 잘 띄는 특징이 있어서
관람객들이 쉽게 자기 자리를 찾을 수 있도록
도와주는 역할을 하기도 해.

그런데 늦어서 영화가 시작한 뒤에 극장에 들어가면
온통 어두워서 자리를 찾기 어려웠던 경험 다들 있지?
그 이유는 빨간색은 빛이 있을 때는 눈에 잘 띄지만
빛이 없으면 어둠에 묻히는 독특한 성질을 가지고 있기 때문인데,
바로 이런 성질 덕분에 영화관에 불이 꺼진 상태에서는
관객들의 시선이 다른 곳에 분산되지 않고
영화에만 집중할 수 있는 거야.

게다가 빨간색은 다른 색에 비해
더러워져도 티가 잘 안 나니까
종합적으로 따져봤을 때 영화관 입장에서는
빨간색 의자를 쓰는 게 이득일 수밖에 없지.

그건 그렇고 영화관 팔걸이는
왼쪽이 내거야, 오른쪽이 내거야?

지휘자는 왜 막대기를 들고 있을까?

우리는 문화를 즐기는 교양인답게
종종 음악을 감상하러 음악회에 가잖아.
그럼 거의 대부분 맨 앞에 서서
막대기를 흔드는 지휘자가 있는데,
왜 지휘자는 막대기를 들고 있을까?
이것도 다 역사적인 이유가 있더라고.

일단 지휘자는 음악의 시작부터 리듬이나 분위기 같은
전체적인 음악의 흐름을 끌고 나가는데,
그러기 위해 과거 지휘자들은
발을 구르고 손뼉을 치고 지팡이를 쿵쿵 내리찍는 등
여러 가지 표현 방식으로 음악을 지휘했어.

그런데 이렇게 발이나 손뼉을 사용하면

발소리, 박수 소리로 인해 연주에 방해가 되기도 했고,

지팡이를 내리찍으며 지휘를 하던

지휘자 장 바티스트 륄리(Jean Baptiste Lully)가

이 지팡이에 발이 찔려 감염으로 인해 사망하는 일도 생겼지.

그러던 중 독일의 베버(Weber)라는 음악가가 최초로

음악에는 방해되지 않으면서

지휘자가 음악을 끌고 가기에는 적합한,

우리가 흔히 보는 작은 막대기를 사용해서

음악을 지휘하기 시작한 거야.

그 이후 지휘자마다 자기 스타일에 따라

젓가락만 한 지휘봉을 쓰기도 하고,

이쑤시개만 한 크기의 지휘봉을 쓰는 지휘자도 생겨났지.

근데 지휘자를 보면

막대기를 흔드는 것뿐만 아니라

정말 너무나 진지한 표정으로

어떨 땐 눈을 감고 머리까지 흔들며 지휘하는데,

지휘자는 전체적인 음악을 통솔하다 보니

감각적이고 섬세할뿐더러

음악에 완전히 심취해버려서 그렇다고 하기도 해.

그럼 나도 교수님 강의 들을 때

공부에 심취해서 눈이 감기는 건가?

왜 휴게소에선
꼭 사선으로 주차할까?

고속도로 휴게소 주차장을 가보면
우리가 평소에 보는 주차장과는 다르게
비스듬한 사선으로 주차하도록 되어 있잖아.
왜 굳이 주차 공간을 기울여놓는 걸까?
휴게소에서 사선 주차가 국룰인 것도
다 경제적인 이유가 있더라고.

일단 휴게소는 사막의 오아시스처럼
기나긴 고속도로 한가운데
유일하게 존재하는 편의시설이기 때문에
고속도로를 지나는 도중에
화장실을 가고 싶거나 배가 고픈 사람들은
반드시 휴게소를 이용해야만 해.

그런데 고속도로를 이용하는 수많은 차들이

다 휴게소로 몰리게 되면

주차하는 데 시간이 오래 걸려서

사람들이 매장을 이용하는 속도가 느려지게 되거든.

그러면 휴게소 매출에도 지장이 가기 때문에

휴게소 입장에서는 주차 시간을 단축시켜서

이용자들의 회전율을 높이는 게 중요한데,

그래서 도입한 게 바로 일반적인 주차에서

각도만 약간 기울인 사선 주차야.

휴게소는 입구와 출구의 방향이 일정하다 보니

주차 공간이 사선으로 되어 있으면

입구로 진입하다가 핸들만 살짝 꺾어서

한 번에 들어올 수 있기 때문에

초보운전자도 빠르게 주차할 수 있어.

그리고 차들이 비스듬하게 서 있으면

일반적인 방식으로 주차했을 때보다

시야 확보가 훨씬 잘 되어서

접촉사고가 발생할 확률도 낮은 편이야.

이런 장점들 덕분에

대부분의 휴게소 주차장이 비스듬한 거지.

그래, 이제 나는 주차를 못하는 게 아니야.

휴게소 스타일로 주차하는 것일 뿐!

아이엠 그라운드,
대체 무슨 뜻일까?

여러 사람이 처음 만나는 자리에서
서로 간단하게 자기소개도 하고
아이스 브레이킹도 할 겸
'아이엠 그라운드' 게임 많이들 하지?
이 게임에서는 시작할 때마다
꼭 "아이엠 그라운드~"라는 구호를 외치는데
이건 대체 무슨 뜻일까?

일단 이렇게 입에서 입으로 전해져온 게임들은
정확한 뜻이나 기원을 알기는 어려워.
대신 유력한 가설이 몇 개 존재하는데,
그중에서도 가장 그럴듯한 건 아이엠 그라운드가
영어 'I am ground'에서 비롯되었다는 거야.

여기서 'ground'는

일반적으로 '지면'이라는 뜻으로 사용되지만

이 외에 '기초, 근본'이라는 뜻도 있어.

그러니까 게임을 시작할 때 '내가 기초가 된다',

즉 '나부터 게임을 시작하겠다'라는 의미를 담아서

"아이엠 그라운드"라고 외친다는 거지.

그리고 아이엠 그라운드가 'I am ground'가 아니라

'I am grounded'에서 비롯되었다는 가설도 있어.

이건 '나는 외출 금지다'라는 뜻이야.

영미권에서는 부모가 자녀를 혼낼 때

외출을 금지시킨 채 방 안에서 생각할 시간을

갖게 하곤 했거든.

근데 방에만 있으면 너무 심심하니까

같이 외출금지를 당한 형제자매끼리

즉석에서 놀이를 만들어서 했던 거야.

이때 자신들의 상황이 담긴 'I am grounded'라는 말을

인트로로 사용하기 시작했고,

이게 지금까지 전해져 내려왔다는 거지.

근데 이거 조사하다 보니까 게임 하고 싶네!

나랑 아이엠 그라운드 하실 분?

아이엠 그라운드 별명소개 하기!

나는 공주!

왜 초등학교는
전부 남녀공학일까?

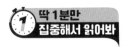
딱 1분만
집중해서 읽어봐

남중, 남고, 여중, 여고처럼
중고등학교는 남녀가 분리된 학교가 많은데
왜 초등학교는 전부 남녀공학인 걸까?
이것도 다 사회적인 이유가 있더라고.

우리나라는 과거부터 유교 사상으로 인해
여자와 남자의 공간을 매우 엄격히 구분했어.
특히 학교가 많이 생겼던 일제강점기 시절에도
이러한 사회적 인식은 매우 강했고,
이게 일제강점기가 끝나고 나서까지 이어져온 거야.

초등학교의 전신인 국민학교에서는
1970년대까지 4학년 이상은

남녀를 분반하는 경우가 흔했고,

학교가 분리되는 경우도 종종 있었지.

하지만 시간이 흐르면서 이러한 분위기가 사라져가고

중고등학교를 중심으로 꽤 많은 남녀공학 학교가 생겨났어.

그런데 수많은 학부모가 남녀공학을 반대한 거야.

중학생 때부터 2차 성징이 활발해지고

고등학교 때는 대입을 위한 공부를 해야 하기도 하고,

결정적으로 학교에서 애들이

연애를 하고 다닌다는 게 이유였지.

심지어 ○○ 남고, ○○ 여고라는 이름을

수십 년간 써온 명문 학교들은

학교의 역사가 무너진다는 이유로

남녀공학화를 강력하게 반대했어.

이런 이유로 공학화된 중고등학교도 많지만

아직도 수많은 남고와 여고가 남아 있지.

하지만 초등학생은 중학생에 비해

2차 성징이 활발하지 않고

학업에 몰두할 시기도 아니었기에

특별한 반대가 없었고,

이제는 모든 초등학교가 남녀공학이 된 거야.

그런데 옛날 사람들이 간과한 게 있는데…

요즘 잼민이들은 참 빠르답니다!

왜 한국 운전석은
왼쪽에 있을까?

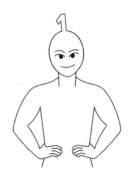

일본이나 영국에서 차를 타면
운전석이 오른쪽에 있는데
우리나라에서 차를 타게 되면
대부분 운전석이 왼쪽에 있잖아.
왜 한국 운전석은 왼쪽에 있을까?

먼저 가장 유력한 가설에 따르면
영국 마차에서 유래되었다는 거야.
자동차가 등장하기 전에
영국에서는 다들 마차를 타고 다녔는데
마차를 타기 위해선 채찍을 내리치면서 말을 조종해야 했고,
마차를 끄는 마부의 대부분이
오른손으로 이 채찍을 사용했어.

그런데 기껏 손님을 태워놓고
채찍으로 엄한 손님을 두들겨 팰 수는 없잖아.
그래서 마부는 자연스럽게
마차의 오른쪽에 앉아서 운전하게 되었고,
이후 자동차가 생겨나기 시작하면서
운전석도 자연스럽게 오른쪽이 되었다는 거지.

그리고 다들 운전석 옆에 막대기 같은 거 본 적 있을 텐데,
운전할 때는 이 막대기처럼 생긴 변속기를
이리저리 흔들며 변속을 해야 해.
그런데 운전석이 오른쪽이면
왼쪽에 변속기를 두어야 하잖아.
그렇게 되면 오른손잡이 입장에서는
왼손으로 변속기를 움직여야 해서 불편함이 있었어.
그래서 독일의 한 자동차 회사에서 최초로
변속기를 오른손으로 잡을 수 있도록
왼쪽에 운전석이 있는 자동차를 만들어내게 돼.
그 후 시간이 흐르면서
영국의 영향을 받은 나라는 대부분 오른쪽에,
그 외의 나라는 대부분 왼쪽에 운전석을 두면서
지금까지 이어져온 거지.

그런데 운전석 왼쪽, 오른쪽 나누는 거 헷갈리지 않아?
그냥 싹 다 가운데로 통일해~

힙합하는 래퍼들은
왜 돈 자랑을 할까?

힙합 음악의 가사들을 보면
다들 바닥에서부터 올라왔다면서
돈 자랑을 엄청 하잖아.
래퍼들은 왜 돈 자랑을 하는 걸까?
힙합에 돈 자랑이 빠지지 않는 것도
다 역사적인 이유가 있더라고.

일단 힙합은 1970년대 미국에서
흑인들을 중심으로 시작된 장르인데
당시 미국은 인종차별이 심해서
흑인들의 사회적 지위가 낮은 편이었고,
경제적인 상황도 좋지 않아서
빈민가에 사는 사람들이 많았어.

그런데 시간이 지나면서
힙합의 인기가 점점 높아지기 시작했고,
'투팍, 제이지' 등 빈민가 출신에서
인기스타 반열에 오른 래퍼들이
하나둘 등장하기 시작한 거야.
힙합에는 자신의 삶을
솔직하게 가사에 담아내는 특징이 있다 보니
'나는 가난했지만 힙합을 하면서 부자가 되었다'는
내용의 곡들이 계속 쏟아져 나왔고,
점점 이렇게 돈 자랑을 하는 게
힙합 문화의 일부인 것처럼 자리 잡게 된 거지.

우리나라 같은 경우는 1990년대부터
본격적으로 힙합이 보급되기 시작했는데,
당시 한국은 미국에 비해서
사회 분위기가 보수적이었기 때문에
돈 자랑을 하는 래퍼들이 많지 않았어.
하지만 갈수록 힙합이 대중화되면서 래퍼들도
자연스럽게 본고장인 미국의 흐름을 따라서 변하기 시작했고,
대표적인 자수성가 래퍼 '도끼'를 선두로 해서
한국에도 자신의 성공을 자랑하는 래퍼들이
많아지게 된 거지.

돈 자랑을 하는 건 리스펙하지만
제발 바지는 좀 올려 입자!

석유는 유한하다는데,
왜 아직 고갈이 안 되었을까?

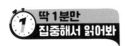

옛날에 뉴스나 교과서만 봐도
기름이 곧 다 떨어지니까 아껴야 한다고 했잖아.
2030년, 2050년 등 곧 고갈된다 했는데
왜 아직도 고갈될 기미가 없을까?
알고 보니 이것도 다 과학적인 이유가 있더라고.

일단 고갈된다는 게 헛소리는 아니야.
석유는 유한하고 하루에 1억 6천만 리터,
1년에 600억 리터가 조금 안 되게 사용된다고 하니
금방 떨어질 것처럼 보이긴 해.
하지만 기름이 엄청난 돈이 되니까
회사들이 세계 곳곳을 후벼파고 다니면서
엄청난 양의 석유가 계속 발견되는 거야.

그리고 진흙이랑 같이 섞여서 묻힌 셰일가스는

기술이 없어 사용하지 못했지만

점차 기술이 발전하면서 여기서도 석유를 뽑아냈고,

바다 밑이나 깊은 땅속에 있는 뽑기 힘든 석유도

잘 뽑아내고 있어.

요즘엔 원자력, 태양광 등 다양한 종류의 에너지원도 발전하고

과학의 발달로 적은 양의 석유로도

더 많은 에너지를 생산해내면서

석유 고갈 시점은 점점 뒤로 가게 되었어.

그래서 지금은 석유가 언제 고갈될지 알 수 없지.

하지만 영원히 석유는 고갈되지 않을 거야.

갈수록 남은 석유들은 더 뽑기 힘든 곳에 있을 테니

뽑는 비용은 커질 거고,

대체 에너지원들의 생산 단가가 석유보다 저렴해질 때부턴

석유의 사용이 급격하게 줄 것이니 말이야.

점차 플라스틱도 재활용이 쉬워질 것이고,

갈수록 석유의 인기는 식겠지.

그래서 석유는 절대 고갈되지 않을 거야.

이런 말이 있잖아.

석기 시대가 끝난 이유가 돌이 부족해서가 아니라고.

석유 시대도 석유가 부족해서 끝나는 건 아닐 거란 거지.

하수구로 들어간 쓰레기,
어떻게 될까?

길가에 보면 엄청나게 많은 하수구가 있잖아.
거기엔 온갖 쓰레기가 든든하게 들어 있는데
이 쓰레기들은 다 어디로 갈까?

일단 하수구로 들어가는 빗물은
보통 하천이나 강으로 그대로 흘러가게 돼.
일부는 주택이나 건물 등에서 나온 생활폐수와 섞여서
근처의 하수처리장으로 가기도 하지.

근데 여기에 있는 쓰레기들이 죄다 하수처리장이나
하천으로 가면 정말 큰일 날 거 아니야.
그래서 하수구에서 쓰레기를 거르게끔 해.
하수구 뚜껑으로 철창처럼 생긴 빗물받이를 설치해서

큼직한 쓰레기가 들어가지 못하게 하고,
하수구 아래는 깊은 홈을 파서
무겁고 큰 이물질이 다른 하수관으로 이동하지 못하게 해.
또 하수구 사이사이에는 철창들이 있어서
여기서도 쓰레기를 걸러주지.
일단 대부분의 쓰레기는 여기에서 막히고
지자체에서 자체적으로
일정 기간을 두고 삽을 들고 와서
쌓인 쓰레기들을 퍼내서 버리게 돼.
결국 여기서도 걸러지지 않은 쓰레기들이
하수처리장까지 가서 걸러지거나
하천이나 강으로 빠져들기도 하는 거지.

그럼 쓰레기를 버려도 결국 치우니까
큰 문제가 없는 거 같잖아.
하지만 전혀 그렇지 않아.
쓰레기를 제때 치우지 못한 상황에서 비가 오거나 하면
빗물에 주변의 쓰레기들이 흘러 들어와서
철창 사이에 끼어버리는 경우가 많기 때문이야.
그럼 도시에서 물이 잘 빠지지 않게 되고,
이렇게 막힌 하수구는 2022년 강남처럼
침수사건을 불러오기도 하지.

그러니까 길가나 하수구에 쓰레기를 버리면 안 돼.
계속 버리다간 그 똥물들이 우리 집으로 다 들어올지도 몰라.

안 받아간 로또 당첨금,
어디로 가는 걸까?

일확천금의 꿈을 갖고

로또 한 장씩 지갑 속에 품고 사는 사람들 있잖아.

만약 당첨은 되었는데 당첨금을 안 받아간다면

이 미수령금은 어디로 가는 걸까?

로또는 수령 기한이 1년이기 때문에

당첨 후 1년 이내로 서울 농협은행 본점에 방문해서

복권사업팀이 퇴근하기 전까지 당첨금을 수령해야 하거든.

만약 단 하루라도 늦어진다면

당첨금은 전액 복권기금으로 귀속돼.

이렇게 조성된 기금은 저소득층의 주거안정 지원사업과

장학사업, 소외계층에 대한 복지사업 등 공익사업에 사용되지.

그럼 이렇게 쓰이는 복권 누적 미수령금은 얼마나 될까?

2022년 미수령 당첨금은

무려 413억 1,500만 원이나 된다고 해.

이 중 1등 당첨자 한 건의 23억 7,900만 원,

2등 당첨자 23건의 12억 4,100만 원,

3등 당첨자 1,412건의 20억 2,700만 원이

행운의 주인을 만나지 못한 채 소멸되었어.

근데 이렇게 많은 수령금을

당첨자들이 이유 없이 안 찾아가진 않을 거 아니야.

로또를 사놓고서 용지를 잃어버렸거나

용지를 바지 주머니에 넣은 채로

세탁기에 돌려버려서 훼손되었다거나 등등

다양한 이유가 있겠지만,

만약 이 중에서 용지가 훼손된 경우에는

한 가닥 기대를 걸어볼 만해.

돈이 찢어지거나 불에 탔어도

일정 부분 이상 남는다면 가치를 인정해주는 것처럼

복권도 2분의 1 이상이 보존된 상태라면

당첨금을 받을 수 있거든.

다만 컴퓨터 인식이 가능해야 인정을 받을 수 있어.

근데 어떻게 로또 용지를 훼손되게 둘 수 있지?

나라면 코팅까지도 할 수 있을 텐데!

개인정보는 어떻게
유출되는 걸까?

간혹 모르는 번호로 걸려 온 전화를 받아보면
각종 대출, 여론조사, 심지어 경찰이라고 사칭하는
사람에게까지 연락이 오는데
개인정보는 대체 어떻게 유출되는 걸까?

먼저 '해킹'으로 개인정보가 유출되는 경우가 있어.
블루투스 이어폰으로도 해킹이 가능한데,
해커의 전화를 받기만 해도
이어폰은 '내 귀에 도청 장치'가 되고
이어폰과 연결된 내 폰 속 정보들은 털리는 거야.

또 회사의 내부자가 스파이가 되어서
고의로 유출하기도 하거든.

회원정보 접속권한이 있는 내부 담당자가
개인정보를 빼내서 브로커에 넘기는 거야.
실제로 공무원과 통신사가 담합해서
심부름센터에 개인정보를 사고파는 사건도 있었지.

그럼 대체 개인정보는 얼마길래
이렇게 팔기까지 하는 걸까?
인터넷 보안 업체가 노드 PN(NordVPN)가 발표한 바에 따르면
개인정보는 불법 온라인 시장 '봇 마켓'을 통해 거래되는데,
한국인의 정보는 5만 923건 정도로
거래된 개인정보의 건당 평균 가격은 약 8,177원이라고 해.

근데 '내부자의 실수'로 인해
고의성 없이 유출되기도 한다네.
어느 보건소에선 담당자의 실수로
코로나19 백신 추가 접종 대상자의 주민등록번호가
시설별로 전송되지 않고
모든 요양병원에 그대로 보내졌어.
또 얼마 전 한 대학교의 장학금 담당자 실수로
소득정보를 비롯한 개인정보가
재학생 이메일로 유출되는 사건도 있었지.

하, 근데 내 번호가 이렇게 쉽게 돌아다니면
누가 내 전화번호 물어볼 때
"아~ 내 번호 비싼데" 하기도 좀 애매한 거 아닌가.

한국인들은 왜 소파를
등받이로 쓸까?

한국인 특징 중 하나가

소파를 등받이 삼아서 바닥에 앉는 거잖아.

비싼 소파 사놓고 왜 등받이로 쓰는 걸까?

알고 보니 한국인이 소파를 등받이로 쓰는 것도

다 문화적인 이유가 있더라고.

한국은 오래전부터 온돌을 사용하는 좌식 문화가 발달했어.

근데 일제강점기와 산업화를 겪으면서

양식 아파트가 엄청 들어섰거든.

집의 생김새가 서양식으로 바뀌니까

집 안에 소파나 침대 같은 서양식 가구들도 들어오게 되었지.

근데 이렇게 서양식 가구들이 막 들어왔다고 해서

갑자기 서양인처럼 살 순 없잖아.

이미 성장기 동안 좌식 문화에 적응된 부모님 세대들은
집에 소파가 있음에도
방바닥에 앉아서 밥을 먹는 등의 일상생활을 했어.
동양과 서양의 문화가 섞인 혼종이 되어버린 거지.

게다가 주거 문화를 연구한 전문가들이
한국인들은 바닥에서 활동하는 게 많다고 할 만큼
우린 좌식 생활 문화가 주를 이루거든.
이건 뭐 공기 놀이 하나를 하려고 해도
소파 위에서 제대로 진행이 되겠냐고.
심지어 간이테이블만 봐도
꼭 바닥에 앉아야 사이즈가 딱 맞게끔 만들어진 게 많거든.
그래서 우리가 자연스럽게
바닥으로 내려갈 수밖에 없던 거야.

이렇게 바닥에 앉은 것까진 알겠는데,
왜 군이 등을 소파에 대는 걸까?
우리가 바닥에 앉게 되면
체중 부담이 허리로 가게 되거든.
오랫동안 앉아 있다 보면 허리가 아프니까
마침 뒤에 소파도 있겠다,
자연스럽게 소파에 등을 붙이게 되는 거야.

아무튼 우리 집에서 소파를 제대로 쓰고 있는 건
우리 집 고양이밖에 없어.

은행이 파산하면
어떻게 될까?

우리는 보통 돈이 있으면

현금으로 갖고 있기보단 은행에 넣어놓잖아.

근데 만약 내가 돈을 넣어놓은 은행이 파산해버리면

내 돈은 어떻게 되는 걸까?

결론부터 말하자면

100% 돌려받을 수도 있고, 아닐 수도 있어.

우리나라는 '예금자보호법'을 통해

내가 넣은 돈을 어느 정도 보호해주기 때문이지.

은행들은 언젠가 파산이나 폐업할 경우를 대비해서

예금보험공사라는 곳에 의무적으로

보험료를 납부하고 있어.

은행이 파산하면 예금보험공사에서

은행에 예금을 해놓은 사람들에게

돈을 돌려주는 구조야.

근데 내가 여기에 100억을 넣어놨다고 해서

이걸 전액 다 돌려주진 않아.

내가 얼마를 넣어놨든

최대 5천만 원까지만 돈을 돌려받게 되지.

이 금액보다 적게 넣어놨으면 다행이지만

그 이상을 넣어놨다면 손해를 보게 된다는 거야.

그럼 왜 이것만 돌려주는 걸까?

예금자보호 제도는 다수의 소액 예금자를 우선 보호하고

부실 금융회사를 선택한 예금자도

일정 부분 책임을 분담해야 한다는 원칙 아래에서

예금의 일정액만을 보호하고 있는 거라고 해.

예금 보장 한도를 5천만 원에서

더 늘리자는 말도 많이 나오지만

그건 현실적으로 어려워.

보장 한도를 더 늘리게 되면

보험금을 넣어야 하는 은행 입장에선

당연히 보험금이 더 올라가게 될 거 아니야.

그럼 은행에서 내야 할 예금보험료 상승의 부담이

예금자인 우리에게 전가될 수 있거든.

그나저나 은행이 파산해도 빚은 갚아야 하더라.

말 안 통하는 외국인을
왜 감독으로 쓸까?

스포츠 경기를 보면

뭔가 진지하면서 화난 듯한 표정으로

옆에서 뭐라 뭐라 말하는 감독은

한국인이 아니라 외국인인 경우가 많잖아.

특히 축구는 대부분이 외국인 감독이던데,

왜 하필 말도 안 통하는 외국인이

우리나라 스포츠팀의 감독을 할까?

알고 보니 그것도 다 이유가 있더라고.

먼저 축구는 글로벌 스포츠로서

축구 선수들의 실력 자체가

국가의 자존심이 되는 경우가 많다 보니

축구 실력 향상에 정말 많은 관심을 기울이고 있는데,

그러다 보니 축구 강국인
유럽 쪽 경험이 있는 감독을 선호하는 경향이 있어.
게다가 해외에 우리나라에서 쓰는 전술 말고
또 다른 기술과 지도력을 갖춘 감독이 있다면
새롭고 신박한 방법을 전수받을 수 있다 보니
그런 이유로 외국인 감독을 데려오는 것이기도 하지.

또 외국인 감독은 선수에 대한 선입견도 따로 없고
한국 축구에 그다지 연고가 없기 때문에
더 객관적인 판단과 훈련을
진행할 수 있다는 장점까지 있거든.
이런 이유들로 해외 많은 나라에서도
외국인 감독을 채용하고 있어.

그럼 말도 안 통하는 외국인 감독이랑은 어떻게 소통할까?
일단 감독의 지시나 의견을
정확하게 전달받아야 되니까
통역가가 붙어서 감독을 진행하는 경우도 있고,
여기에 만국 공통 언어인 보디랭귀지를 섞기도 해서
소통에 그렇게까지 큰 문제는 없지.

근데 예를 들어 스페인 사람이 우리나라 축구 감독인데
우리나라랑 스페인이랑 축구 경기 뜨면
솔직히 속으로 누굴 응원할지 내적 갈등 엄청날 듯!

6단계만 거치면
세계인이 다 연결될까?

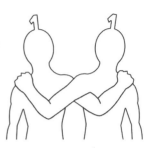

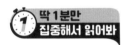

혹시 다들 6다리만 거치면

세상 모든 사람을 알 수 있다는 말 들어봤어?

누굴 찾든 6명만 건너면 다 안다는 건데

이거 진짜일까?

결론부터 말하자면 거의 가능하다고 볼 수 있어.

1967년 미국의 사회심리학자 스탠리 밀그램(Stanley Milgram)은

정말 세상이 6다리로 모두 알게 되는 게 맞는지

확인하기 위해 실험을 하나 진행했어.

이른바 '작은 세상 실험'인데,

임의로 160명을 추출하고

먼 도시에 있는 특정인에게 편지를 전달하라고 했지.

그래서 사람들은 아는 사람들을 통하고 통해서

편지를 전달했는데
여기서 편지 도달까지 평균 5.5명만 거쳐 갔던 거야.
즉 아무리 많은 사람이 모여 있더라도
서로 연결되기까지 6단계를 넘지 않았다는 거지.

그러다가 케빈 베이컨(KeVin Bacon)이라는 한 배우와
3명의 대학생이 한 TV 프로그램에 출연한 거야.
그리고 학생들은 방청객에게 아무 배우나 말해보라고 하고
케빈 베이컨이 과연 몇 단계에 걸쳐서
그 배우를 알고 있는지 보여줬어.
여기서도 6단계에 걸쳐서 모두 알게 되었지.
참고로 그래서 이 6단계 법칙 이론은
'케빈 베이컨의 6단계 법칙',
'케빈 베이컨 지수'라고도 불리고 있어.

게다가 페이스북에서도 페이스북 사용자를 대상으로
이용자들의 연결고리를 분석해본 결과
3.57명만 거치면 누구와도 접촉이 가능하다는
분석 결과를 내기도 했지.

뭐 주변에 지인이 거의 없거나
동네친구 외에는 아는 사람이 없는 등
상황에 따라 더 많은 다리를 거쳐야 할 수도 있지만
그래도 이렇게 세상은 연결되어 있으니
제발 다들 사고 치지 말자.

Just 1 minute

2장

사람의 마음은
대체 왜 그럴까?

이 세상에는
왜 비밀이 없는 걸까?

나는 분명히 딱 한 명에게만 내 비밀을 말해줬는데,

며칠 지나고 보면 우리 반 전체가 다 알고 있잖아.

정말 이 세상에 비밀은 없는 걸까?

비밀이 지켜지기 어려운 데도

다 심리적인 이유가 있더라고.

우리는 비밀을 듣게 되면

이걸 다른 사람에게 말하면 안 된다는

심리적인 압박감 때문에

무의식중에 스트레스를 받게 돼.

게다가 비밀이 크면 클수록 그 강도도 심해지지.

그러다 보면 자연스럽게 이 스트레스를 해소하기 위해

비밀을 털어놓고 싶은 욕구가 생겨나서

결국 또 다른 누군가에게 비밀을 말하게 되는데,
이렇게 되면 혼자서 감당하던 스트레스가
2명에게 분산되면서
심리적인 안정감을 얻게 되는 거야.

한 심리학자의 연구에 따르면
다른 사람과 비밀을 공유할 때는
행복 호르몬이라고 불리는 세로토닌이 분비되어서
스트레스와 불안이 감소하고
심지어 짜릿함까지 느낄 수 있다고 해.

그리고 보통 비밀을 말할 때 대놓고 말하진 않잖아.
주위에 아무도 없을 때 몰래 말할 거 아니야.
이렇게 소수의 사람이 모여서 비밀을 공유하면
상대방과의 정서적 교감을 통해
관계 호르몬인 옥시토신이 분비되고
그로 인해 강력한 유대감이 형성되는 효과도 있어.

결국 비밀을 말하고 싶어지는 이유는
타인과의 공유를 통해 스트레스를 해소하고
보다 안정적인 관계를 형성하기 위한
인간의 본능 때문이라는 거지.

그런 의미에서 나도 비밀 하나 말해줄까?
이거 진짜 너한테만 알려주는 건데… 나 사실 게이쁨ㅋ

왜 그들은 전화 받기가
무서운 걸까?

누군가와 이야기할 때 전화를 선호하는 사람이 있고

전화보단 문자를 선호하는 사람도 있는데

전화를 불편하다 못해

두려워하는 사람들이 많아지고 있다고 해.

왜 전화 받기가 무서운 걸까?

이렇게 전화를 받는 게 두려운 것도

다 사회적인 이유가 있더라고.

일단 전화를 받는 것에 두려움을 느끼는 증상을

전화의 call과 공포증의 phobia를 합친 말로

'콜포비아'라고 하는데,

커리어 플랫폼 잡○○아와 구인구직 사이트 알○몬에서

성인남녀 518명을 대상으로 설문을 진행한 결과

콜포비아 증상을 느끼는 사람의 비율이 53.1%나 되었어.
생각보다 많은 현대인이 전화를 받는 것에
두려움을 느낀다는 거지.

콜포비아를 겪는 이유로는
전화 관련 트라우마가 있거나
말실수를 할까봐 등 여러 가지 이유가 있는데,
그중 절반 이상인 58.2%에 해당하는 사람들은
메신저 앱이나 문자로 하는 의사소통이
익숙해져서 그렇다고 답했어.
요즘엔 대부분의 의사소통이
메신저나 문자로 가능하잖아.
심지어 배달 주문할 때도 전화가 아닌
휴대폰 터치 몇 번이면 가능하고 말이야.
이렇게 온라인 소통에 익숙해지다 보니
즉각적으로 의사를 표현해야 하는 전화와는 다르게,
생각을 정리해서 응답할 수 있는 방식인
메신저를 선호하게 되면서
전화하는 걸 두려워하게 된 거야.
콜포비아 증상이 심한 사람들은
전화를 걸거나 받기 전에
할 말을 미리 적어두고 전화하는 경우도 있지.

근데 뭐니 뭐니 해도 제일 받기 무서운 전화는
엄마 전화 아님?

왜 세상은
날 힘들게 할까?

요즘 사는 게 너무 지치고 힘들지?
왜 세상은 날 힘들게 하는 걸까?
살다 보면 당연히 모든 일이
내 뜻대로 되진 않으니까
힘들다고 느낄 수는 있어.
그런데 우리는 실제 힘든 수준보다
더 힘들다고 느끼는 경우가 많거든.

미국 듀크대학교의 심리학 교수인 마크 리어리 교수는
우리가 이렇게 힘들다고 느끼는 게
'자아'와 '자아 성찰 능력' 때문이라고 했는데,
우리가 자기 자신을
습관적으로 너무 깊게 파고들어서

생각하려고 하기 때문이라고 해.
살아가는 동안 어려운 일이 닥치면
해결 방법을 찾고 다른 일을 하면 되는데
'왜 나한테만 이런 일이 일어나는 거지?'
'나만 힘든 것 같아'라고 계속 생각하면서
결국 삶이 힘들다는 부정적인 생각에
빠져들기 시작하고,
우리 자신을 더더욱 힘든 삶에 가두게 되는 거지.
이런 생각의 시간만큼 고통도 길어지게 돼.

또 너무 자기중심적으로 생각하거나
내가 정말 잘났다고 생각을 하는 것도
나를 더 힘들게 만들 수도 있거든.
너무 내 중심으로만 생각해서
"내가 이렇게 생각하면 남도 이렇게 생각하겠지"라는
생각으로 살면
사회가 나에게 대하는 행동과
내가 사회에 원하는 것에 차이가 생기기 때문에
이것도 나를 힘들게 하는 원인이 될 수 있어.

결론은 사실 세상이 우릴 힘들게 한다기보다는
우리가 세상이 힘들다고 바라본다는 거야.
한마디로 세상을 바라보는 관점을 조금만 바꿔보면
사실 힘든 게 아닐 수 있다는 거지.

여자들은 왜 서로
예쁘다고 말할까?

술집에서도 그렇고,

인스타 댓글을 보면

여자들끼리 서로 예쁘다고 난리잖아.

대체 왜 그러는 걸까?

이렇게 서로 예쁘다고 하는 것도 다 이유가 있더라고.

먼저 SNS에 올리는 사진은 대부분

공들여 화장하고 정성 들여 머리도 한 경우가 대부분이거든.

그리고 서로 이렇게 시간을 들여 노력했다는 걸

당연히 알아볼 거 아니야.

그래서 예쁘다고 칭찬하면

공들인 노력을 알아주는 것 같고,

또 예쁘다는 말 자체도 기분이 좋아지는 말인 데다가

실제로 잘 꾸며서 예쁘기도 한 등의 이유로
칭찬을 하는 거지.

다른 상황으로는 보통 언니에게
"언니 진짜 예뻐요"라고 말하는 거야.
대부분 술집 화장실에서 이루어지는 대화지.
이런 경우는 그 언니가 옷 입는 스타일도 예쁘고
또 화장도 예쁘게 한 경우인데
이런 사람이라면 친해지고 싶을 거 아니야.
근데 무턱대고 찾아가서
"안녕하세요. '1분만'입니다.
다름이 아니고 스타일이 마음에 들어서 그러는데
저와 친한 언니 동생 사이로 지내주시겠어요?"
라고 말하면 듣는 사람은 당황스럽고
어쩌면 날 이상한 눈초리로
쳐다볼 수 있기 때문에
이 모든 걸 함축하는 "언니 예뻐요"를 하는 거야.

마지막으로 SNS에서 예쁘다는 말을 하는 이유 중 하나는
오랜만에 친구 안부 좀 묻고 싶은데
갑자기 댓글로
"오랜만이야… 반가워… 잘 지냈니?"라고 다는 것보단
"어머, 왜 이렇게 예뻐졌어~"라고 하면
더 친근하게 느껴지고 기분도 좋아지기 때문이야.
이러면 안부 묻기도 쉬워져.

성형으로 외모가 달라지면
관상도 바뀔까?

"쟤 관상이 별로다~"

"어머~ 관상이 참 좋으세요~"

다들 이런 말 한 번쯤 들어본 적 있지?

근데 성형을 해서 얼굴이 달라지면

정말 관상도 달라질까?

관상이란 눈은 이렇게 생겨야 심성이 곱고

코가 저렇게 생기면 돈이 안 들어온다 이러면서

생긴 것을 가지고 그 사람 성격이나 인생,

미래를 판단하는 방법인데

단순히 사람 얼굴 생김새만을 통해

느끼는 것을 이야기하기 때문에

심리적인 요소가 큰 비중을 차지한다고 볼 수 있지.

그런데 성형을 하게 되면

남들에게 보이는 내가 달라지게 될 거 아니야.

성형을 통해 이미지가 바뀌게 되면

나에 대한 사람들의 태도가 변할 수도 있고

그 결과로 나의 행동이나 마음가짐 또한 달라질 수가 있는데.

이러한 변화가 결국 내 미래를 바꾸는 데

영향을 끼치기도 하고

남들이 보는 것 말고도 내가 자신감이 없던 부분에서

성형을 통해 자신감을 얻을 수도 있어서

삶을 살아가는 태도가 변화될 수도 있지.

이렇게 되면 미래도 바뀔 수 있는 거라

성형을 하면 관상이 바뀔 수도 있다고 말할 수 있어.

결국은 내가 어떤 마음으로

어떤 행동을 하면서 삶을 살아가는지에 따라

미래가 정해진다는 거잖아.

한마디로 남이 보는 관상보다

내가 얼마나 긍정적으로,

자신감을 가지고 살아가는지가 가장 중요하다는 거야.

이제 관상에 너무 의존해서

성형해볼까 고민하지 말고

거울을 보면서 긍정적으로

내 얼굴은 자유분방하게 생겨서 좋다고 되새겨봐.

종종 하는 혼잣말,
대체 왜 할까?

우리는 종종 혼잣말을 하곤 하는데
대체 혼잣말은 왜 하는 걸까?

먼저 혼잣말을 하는 이유는 정말 여러 가지지만
심심해서, 외로움을 달래기 위해 하는 경우가 많아.
사람은 누군가와 대화를 하면서 소통을 하고
또 외로움을 달래지만 혼자 있으면 그게 어렵잖아?
그래서 마치 누군가와 수다라도 떠는 것마냥
혼자 말이라도 해서 외로움을 없애려는 거야.

실제로 일본의 한 정신과 의사의 말에 의하면
자기 목소리를 듣는 것만으로도
외로움을 해소하는 데 도움이 된다고 하지.

근데 이게 어떤 혼잣말이냐에 따라
심각한 문제가 생길 수도 있거든.
그냥 "오늘 저녁엔 김치볶음밥을 먹어야지~"나
"오늘은 강아지 산책시켜야겠다!" 하는 정도의
일상, 계획에 대해 하는 혼잣말은 괜찮아.
오히려 이렇게 말을 통해 생각을 정리하는 건
기억력 향상에 도움이 된다고도 해.

문제는 혼자 말하면서 부정적인 말,
'위험한 혼잣말'이라고 불리는 걸 하는 건데
과거의 안 좋았던 일,
혹은 후회스러운 일을 언급하는 거야.
"난 이래서 안 돼…"
"내가 그때 진짜 왜 그랬을까?" 하는 거 말이야.
이런 부정적인 혼잣말은 심신에 악영향을 끼치고
스트레스 호르몬인 코르티솔을 분비시킨다고 해.
심지어 불면증을 유발하기까지 하지.
조현병이나 우울증 등의 질환을 앓는 사람도
이런 혼잣말을 많이 한다고 하더라고.
그래서 정신과 치료도 이렇게 혼잣말로
무슨 말을 하는지에 따라
질환을 진단하기도 한다고 해.

근데 솔직히 내 혼잣말을
남이 듣는 것만큼 부끄러운 게 없어.

게임 광고들은
왜 다 별로일까?

유튜브를 보다 마주친 게임 광고엔
어떤 멍청이를 데려다 놔도 이건 맞히겠다 싶은 걸
틀리면서 내 신경을 긁잖아.
이거 대체 왜 이러는 걸까?
게임 광고가 이렇게 답답하게 구는 것도
다 심리적인 이유가 있더라고.

먼저 사람은 수십 년 갈고닦은 기술을 가진 장인이
엄청 대단한 일 하는 걸 보는 게 아닌 이상
대부분 나도 할 수 있을 거라고 생각하게 되잖아.
올림픽 경기를 보며
"공은 저기다가 차야지!
내가 뛰어도 저것보단 잘하겠다!"

하는 걸 보면 알 수 있지.

게임에도 당연히 그 심리가 내포되어 있을 수밖에 없는데,

네 살짜리를 데려다 놔도 맞힐 수 있을 법한 문제를

틀리는 걸 보여주면서

사람들에게 답답함과 분노를 심어주는 거야.

근데 올림픽 경기 같은 건 내가 하면 더 잘하겠다고

말만 하지, 현실적으로 직접 할 순 없지만

게임이야 뭐 그냥 손가락 몇 번 움직여도 할 수 있으니까

그렇게 게임 다운로드를 진행시켜버리려는 수작인 거지.

근데 게임 광고가 이상한 답 고르는 걸로도 모자라서

꼭 절묘한 타이밍에 게임을 하다 말아버리기도 하잖아.

사실 이렇게 게임을 하다 마는 것도

사람들 심리를 이용해서 게임을 깔게 하려는 속셈이거든.

'자이가르닉 효과'라고 해서

특정한 일이 중도에 멈출 경우

그 일을 계속하려고 하는 경향 때문에

기억에 맴도는 사람이 많단 말이야.

광고는 이런 효과를 이용해 나를 게임 속으로 스며들게 하고,

잘 진행되던 게임을 갑자기 멈춰버리면서

광고를 본 사람이 게임을 깔아서

마무리시켜버려야겠다고 생각하게 하는 거지.

근데 난 별 수작 다 부려도 절대 안 깔음. ㅅㄱ.

자동진행 게임은
왜 하는 걸까?

게임 좋아하는 사람들 보면

현생 살면서 스마트폰으로는

자동진행 게임을 돌려놓기도 하잖아.

게임은 내가 직접 플레이해야 제맛인데

이건 왜 하는 걸까?

알고 보니 자동진행 게임을 하는 것도

다 심리적인 이유가 있더라고.

게임에서 약탈이나 제작, 주문 시전 같이

반복되는 걸 편하게 하려고

자동화한 게 바로 '자동진행 게임'이야.

'검은사막 모바일, 리니지M, 메이플스토리M' 게임 같은 경우엔

알아서 자동 사냥이랑 퀘스트가 진행되니까

손 안 대고도 전투력과 레벨이 충족되거든.
대리 노가다를 해주는 거지.

또 우리가 이런 게임을 하는 이유는
'바쁜 현생 속에서 캐릭터를 육성하는 즐거움'을
얻을 수 있기 때문이야.
살면서 해야 할 일은 많은데
그 와중에 레벨은 키워야겠잖아.
그렇다고 하루 종일 스마트폰만 만질 수도 없고
친구들이랑 레벨 얼마나 올렸냐며
어느 정도 대화할 거리도 생기니까
자동진행 게임을 하는 거지.

그리고 콘솔, PC의 물리적인 버튼에 익숙해져 있다가
스마트폰으로 바뀌면서 손맛이 사라져버렸잖아.
스마트폰으로는 게임 몰입도가 떨어져버리니까
차라리 눈으로 시청하는 게 더 나은 것도
자동진행 게임을 하는 데 한몫하고 있어.

근데 이게 아무래도 AI가 진행하는 것이다 보니까
캐릭터가 쓸데없이 왔다 갔다 하거나
갑자기 몬스터가 등장해서 공격해버리면
무방비로 당하게 돼.
마치 엄마가 가끔 돌봐주지 않으면
망나니로 살아버리는 내 모습과 같지.

왜 그 점포들은
굳이 모여 있을까?

길을 걸어가다가 건물을 보면
정말 다양한 유형으로 점포가 입점해 있잖아.
대체 왜 그런 조합으로 모여 있는 걸까?
알고 보니 이것도 경제학적인 이유가 있더라고.

먼저, '상호 보완적인 역할을 톡톡히 하는 유형'이야.
대표적으로 병원과 약국이 있는데,
둘은 협동적인 관계를 갖거든.
우리가 감기에 걸려서 병원 진료 후에 처방전을 받으면
근처에 있는 약국에 가서 조제약을 받잖아.
가까이 있을수록 더 편의를 제공할 수 있으니까
바늘 가면 실 가듯이 모여 있게 되는 거야.

다음은 '사람의 심리나 행동반경으로 모인 유형'이야.
예를 들어 독서실 근처에 당구장이나 만화카페가 있는 등
특이한 조합으로 입점해 있는 건데,
공부하다가 머리를 좀 식히고 싶은 사람들이나
반대로 좀 놀다가 공부하러 가야겠다고 생각하는
사람들의 심리를 반영한 조합인 거지.

근데 간혹 건물 전체가 병원이거나 노래방인 것처럼
같은 업종의 점포가 몰려 있는 경우를 본 적 있지?
이렇게 다 모여 있는 거 보면
대체 어떻게 장사를 하나 싶잖아.
사실 이렇게 모여 있으면 우리에게도 좋은 게 있거든.

먼저, 좋은 서비스를 받을 수 있는 이점이 있어.
차별성이 있어야 경쟁력을 가지잖아.
고객을 확보하기 위해서
질 좋은 서비스를 제공하니까
우리에겐 좋은 거지.
게다가 경쟁 상대가 없는 '근처 시장의 독점 상태'라면
가격 결정권이 독점 점포에 있는데,
점포가 몰려 있으면
어느 정도 적정 가격으로 이용할 수 있어서
이것 또한 우리에겐 엄청난 이득이야.

01:00

노동요를 들으면
진짜 일이 잘될까?

최근 유튜브 채널 'sake L'의 아이돌 노래를 배속한
'노동요' 영상이 회자되고 있잖아.
댓글을 보면 이 노동요로 효과를 봤단 사람이 꽤 많던데
노동요를 들으면 진짜 일이 잘될까?
알고 보니 이것도 심리적인 이유가 있더라고.

2019년 어느 심리학 교수는
'음악이 인지 과제 수행에 미치는 영향'을 연구했어.
평소 '외부 자극'에 취약한 성향의 사람인가,
'일의 성격'은 단순한 작업인가,
동일한 멜로디여도 '악기 구성'이 단순한 음악인가를
기준으로 삼았지.
이 연구에 따르면

복잡한 일처럼 머리를 많이 사용해야 하는 경우엔
음악이 일에 집중하는 걸 방해할 수도 있다고 해.
하지만 단순한 작업을 하는 경우엔
도움이 될 수도 있고 아닐 수도 있거든.
이건 사람마다 다른데,
외부 자극 영향이 낮은 사람이라면
악기 구성이 복잡한 음악을 듣는 게 효과적이고,
외부 자극 영향이 높은 사람이라면
악기 구성이 단순한 음악이 효과적이지.
한마디로 'sake L'의 노동요는
외부 자극 영향이 낮은 차분한 사람이
단순 작업을 할 때 엄청난 효과를 줄 수도 있다는 거야.

그 효과를 톡톡히 본 사람들은
이건 'sake L'이 신이라 가능한 것이라고
본격 신격화하는 드립을 시전했어.
'산타가 어떻게 하루 만에 지구를 돌았는지
설명할 유일한 방법'이라는 댓글을 시작으로,
짜장면에게 들려줬더니 비벼졌다,
일병 때 노동요를 들었더니 상사가 되었다,
'sake L'을 읽기 위해 영어를 탄생시켰다 등의
반응으로 모두가 밈에 동참했지.

'sake L'은 늘 1분에서 끝나는 우리 영상의
1:07까지도 볼 수 있겠지?

사랑은 정말
아픈 걸까?

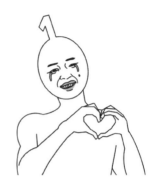

사랑은 아픈 거라는 말 들어봤어?

사랑이 아프다는 노래까지 있을 정도인데

사랑은 정말 아픈 걸까?

저명한 사회학 교수 에바 일루즈에 따르면

우리가 하는 대부분의 상호작용은 이름도 목적도 있으니

'명백'하다고 표현할 수 있지만

사랑은 그게 아니라고 말했어.

쉽게 생각해서

주린 배를 채우거나 영양을 보충하기 위해 밥을 먹고,

몸의 산소를 보충하기 위해 숨을 쉬는 등

대다수의 행위에는 다 이유가 있지만

사랑을 생각해보면 과연 어떤 게 목적이 되는지 알 수 없잖아.

또 사랑은 내 의도가 뭔지도 잘 모르고

존재하지 않는 무언가를 자꾸 갈망하는 거야.

게다가 사랑은 비즈니스 계약 같은 게 아니라

온전히 좋다는 감정만을 가지고 교류하는 것이기 때문에

상대가 나처럼 이 관계에 전념하는지 등

어떤 생각을 가졌는지 알 수 없으니

관계를 내 마음대로 풀어나가기가 어려워.

한마디로 사랑이란 '불확실성에서 오는 관계'라고 말할 수 있지.

그런데 심리학자와 사회학자들은

우리가 확실성을 중심으로 관계를 맺어야 한다고 하거든.

그니까 사랑이라는 불확실성 속에서는

심리적 불안을 가져오게 되고

그게 마음이 아프다고도 느껴질 수 있는 거야.

사실 사람들에게 사랑이란

눈에 보이는 가시적인 무언가도 아니고

완벽하게 묘사하는 사람도 없을뿐더러,

그렇다고 사전적 정의를

완벽하게 이해할 수 있는 것도 아니잖아.

그렇게 나도 모르는 무언가에 이끌려

나의 감정을 할애하고 있다 보니

사랑이 아픈 건 어찌 보면 당연한 이야기일 수 있지.

나도 제발! 좀 아프고 싶네.

도대체 환승이별은
왜 하는 걸까?

다들 사랑하는 애인이랑 잘 만나다가도

여러 가지 이유로 헤어지게 되는데

헤어지는 방식 중에서도 가장 최악은 환승이별이잖아.

도대체 환승이별은 왜 하는 걸까?

일단 환승이별이란 버스에서 내렸다가 곧바로 바꿔 타는

버스 환승이랑 비슷한 개념으로,

사귀던 애인이랑 헤어지고

바로 다른 사람으로 갈아타는 거야.

그런데 어디까지가 환승연애인지 말이 다 다르잖아.

헤어지자마자 새로운 사람을 만나고

빠르게 사랑에 빠져서 급전개로 연애하면 환승이별이 되지 않지만,

보통 만나던 애인과 연애하는 도중에

계속 연락하며 지내던 다른 사람과
새롭게 연애를 시작하면 환승이별이라고 해.

이때 환승한 사람들 특징이
원래 친구 사이로 알고 지내던 애다,
연락하고 지내긴 했지만
헤어지기 전까지 아무런 감정 교류가 없었다 등의
망언을 늘어놓곤 하거든.

문제는 환승이별을 당하는 사람 입장인데,
내가 어디가 부족했던 건가 하면서
자괴감에 빠지기도 하고
이별의 아픔을 심하게 겪게 돼.
반면에 환승이별을 하는 사람 입장에서는
바로 새롭게 사랑하는 사람을 만났으니
이별의 아픔을 크게 겪을 필요도 없고
사랑해서 행복하기 때문에
환승이별이 개이득인 거야.

이렇게 환승이별 하는 애들 특징이
외로운 거 잘 못 참아서
애인이 조금만 떨어져 있으면 다른 애 찾으러 곧바로 떠나고
또 신선하고 후끈한 사랑만 찾으려고 하는 거더라고.
"나… 이렇게라도 널 잊어보려고 했는데…"
생각보다 더 주옥같다 X야.

식물인간은 깨어나면
다 기억할까?

드라마나 영화를 보면

종종 식물인간으로 몇 년을 누워 있다가 깨어나기도 하잖아.

식물인간이 깨어나면

누워 있는 동안 벌어진 일을 다 기억할까?

먼저 식물인간이란 뇌 손상으로 인해

자가 호흡은 가능하지만 의식은 없는 상태를 의미해.

한마디로 숨만 쉬면서 누워 있다 보니

누워 있는 동안 들었던 말이나 일들을 기억하긴 어렵지.

근데 가끔 기적처럼

식물인간 상태에서 깨어난 사람들 말에 의하면

누워 있던 동안 의사나 간호사, 가족 등

주변에 있던 사람들이 했던 말을
다 들었고 기억하고 있다고 하더라고.
실제로 영국과 프랑스 등에서
많은 연구원들이 뇌 활동을 측정하는 기술 fMRI를 통해
식물인간 환자들과 소통을 했거든.
이걸 통해 환자에게 예, 아니오 정도의 대답을 요구했고
몇 명의 환자들과 짧은 의사소통을 했어.
아버지의 이름이 맞는지 확인하는 과정 등을 통해
정말 의식이 있을 수 있다는 것을 밝혀냈지.

결론은 식물인간이어도 사람에 따라
주변 소리도 듣고 생각도 할 수 있기 때문에
깨어나면 그간 있던 일들을 다 기억할 수도 있다는 거야.
그래서 많은 의사와 연구원들은
식물인간으로 누워 있는 사람들과
뇌파로 소통하는 방법을 연구하고 있어.

전에 혼수상태에 빠진 친구가 깨어나길 바라며
매일매일 기다리던 사람이 있었는데
매일 친구를 기다리며 글을 썼고, 결국 깨어났다고 해.
이렇게 내가 아무것도 못 하고 누워 있어도
내가 깨어나길 기다려주는 친구 하나 있으면
정말 성공한 인생이네.

팔짱을 끼면
정말 생각이 잘될까?

수업을 듣거나 대화를 할 때,

아니면 공부를 할 때도

어느 순간 팔을 꼬고 있는 나를 발견하잖아.

이렇게 팔짱을 끼면 생각이 잘될까?

결론부터 말하자면 팔짱을 끼고 있는 게

생각이 잘되는 자세라고 할 수 있는데,

팔짱 끼면 생각이 잘되는 것도

다 생물학적인 이유가 있더라고.

한 연구 결과에 따르면 팔짱을 끼는 것같이

몸 가운데를 기준으로 팔을 반대쪽으로 보내면

뇌 기능이 활성화된다고 해.

다리를 꼬는 것도 마찬가지지.

또 우리가 무언가에 집중하지 못하는 이유는
손으로 휴대폰을 만지작거리거나
목이 그렇게 마르지도 않으면서
굳이 물이라도 집어다가 마시며
집중력을 분산시키는 이유가 정말 크거든.
근데 팔을 꼬고 있으면
딴짓을 하려고 온갖 발악을 해도
눈 정도만 이리저리 굴릴 수 있지.
한마디로 뭘 할 수 있는 게 없어서
집중이 잘된다고 할 수 있어.

게다가 우리 몸은 팔짱을 낀 자세가
신체적으로 편하다고 느끼는 자세란 말이야.
결론은 손이 고정되어 있으니 딴짓도 못 하는 데다가
뇌 기능이 활성화되면서 몸까지 편하니까
생각에 도움이 될 수밖에 없다는 거야.

근데 뭐 공상 속에 빠져 있다가 발견된 현실 속의 내가
현실 세계에서 해야 할 생각을 잊은 채
아예 딴생각을 하고 있었다면?
그건 그냥 현실을 벗어나고 싶어서
팔을 꼬아버리고
현실에 방어막을 만들어버린 걸 수도 있어.
당연히 현생에 벽을 쳐버렸으니
지금 하고 있던 일에 집중이 안 될 수밖에 없지.

비 오는 날에는
왜 더 피곤한 걸까?

비가 오는 날이면 뭔가 평소보다

더 피곤하게 느껴질 때가 많잖아.

이거 왜 이러는 걸까?

실제로 정말 많은 사람이

비 오는 날 피곤함을 느낀다고는 하지만

아직 그 원인이 정확하게 밝혀진 바는 없어.

비가 오는 날엔 호르몬의 영향으로

피곤해지는 거라는 의견이 지배적이지.

보통 우리 몸은 햇빛을 보지 못하는 밤에

멜라토닌이라는 호르몬을 많이 분비한단 말이야.

이 멜라토닌이 숙면을 취해야 한다고

몸에 계속 신호를 보내주지.

근데 비가 오면 해도 잘 못 보고 어둑한 상태로 있다 보니
밤낮 가리지 않고 이 멜라토닌 호르몬 분비를 멈추지 않는 거야.
그렇게 졸음이 오는 거지.
심지어 햇빛을 보면 증가하는 행복 호르몬인 세로토닌도 있는데
이 호르몬 수치는 오히려 떨어지니까
기운 없고 졸린 상태가 되기도 해.

또 비가 올 때 들리는 빗소리가
우리 마음을 차분하게 만들어주기 때문에
몸이 느슨해지며 졸음이 온다고도 하거든.
비가 내릴 때 똑똑 부딪치는 소리는
'핑크 노이즈'라고 불리는 소음의 일종이란 말이야.
근데 이 핑크 노이즈는
공부할 때 좋다고 많이들 들어봤을
백색소음과 비슷한 역할을 하는 소리야.
불필요한 뇌의 활동을 줄여줘서
자연스럽게 수면을 유도하는 역할을 한다지.
심지어 백색소음보다 더 효과적으로
심리적 안정감을 준다고 하기도 해.

마지막으로 비가 올 때마다 나는 그 흙냄새 있지?
이 냄새가 주는 진정 작용 때문에
몸이 나른해지고 졸음이 밀려온다는 말도 있어.

하… 근데 그렇게 습한 날 어떻게 쌩쌩할 수가 있겠냐.

난독증인 사람에겐
글이 어떻게 보일까?

요즘 글에서 전달하고자 하는 바와

다르게 반응하는 사람들에게

난독증이냐며 조롱하는 듯한

댓글을 다는 사람들이 있잖아.

난독증이 있는 사람들은 글이 어떻게 보일까?

우선 앞에서 말한 건 난독이 아니라 오독이라고 해.

긴 글을 읽기 싫어하는 사람들이

그냥 대충 읽다가 생긴 현상이지.

근데 난독은 정신질환으로 분류되어서

듣고 말하는 것엔 문제가 없지만

글자를 처리하는 데 문제가 있는 거야.

난독증이 있는 사람들은 글자가 회전하며
움직이는 것처럼 느껴지는데,
만약 p라는 글자를 보여준다고 가정하면
비슷한 글자인 b, q, d로 혼동하는 형태인 거지.

현재까지 난독증은 유전적인 요인에 의해
생기는 걸로 알려져 있어.
좌뇌는 읽기와 쓰기, 우뇌는 창의력과 감성을 담당해.
난독증을 가진 사람들은 좌뇌 쪽에 이상이 있다는 거야.
그렇다고 난독증을 가진 사람들의 지능이 떨어지는 건 아닌데,
단지 언어 능력 문제만 있을 뿐이고
이들은 우뇌가 더 발달해 창의력과 감성이 풍부한 경우가 있지.
유명 배우 톰 크루즈도 난독증이 있어서
대본을 누군가 읽어주면
그걸 그대로 외워서 대사를 읊고 촬영을 했다고 해.
이 외에 아인슈타인, 스티븐 스필버그, 월트 디즈니도
난독증을 갖고 있었거든.
그래서 단순히 난독증이 있는 사람들은 정신병자,
난독증이 없는 사람들은 정상인으로 분류하는 건
잘못된 행동이야.

그러니까 함부로 판단하지 말자.
이렇게 누군가가 겪고 있을 불편함을
놀림거리로 사용하는 게 비정상이지.

뇌를 이식하면
생각도 같이 이식될까?

다들 공상과학 영화에서 뇌 이식을 통해서

죽었다가 다시 살아나는 경우를 본 적 있지?

뇌를 이식하게 된다면 뇌에 있던 기억도 그대로 옮겨갈까?

일단 우리가 세상을 보고 느끼는 것은

다 뇌가 전기 신호를 느껴서 그런 거야.

손으로 무언갈 만지면

무언갈 만졌다는 전기 신호가 뇌로 들어가고

눈에서 본 것도 전기 신호를 통해서 우리가 인식하게 돼.

한마디로 손이나 눈이 없어도

전기 자극만 제대로 뇌에 준다면

보거나 느낄 수 있는 거지.

그렇게 느낀 자극이나 경험들을

우리 뇌가 양쪽 측두엽에 있는 해마라는 곳에 저장하거든.
우린 이걸 기억이라고 하지.

한마디로 우리 의식의 모든 것은 뇌에서 이루어져.
아직 기술적으로 불가능하지만
뇌를 잘 떼어내서 다른 몸의 신경들과 잘 붙이게 된다면
우리는 그 몸으로 만지는 것과 보는 것을 인지할 수 있고,
기존에 갖고 있던 기억도 함께 살릴 수 있는 거야.

하지만 아직 그 누구도 실험해보지 않았고
해마라는 기관이 100% 기억을 담당하는 것도
제대로 밝혀지지 않았기 때문에
의학 전문가들 사이에서도
기억이 옮겨진다 또는 옮겨지지 않는다고
갑론을박이 이어지고 있지.

과거에도 여러 동물을 이용해
뇌를 이식했던 적이 있었는데
고등생물체는 오래 살릴 수가 없어서
기억이 유지되는지 제대로 확인할 수가 없었어.
근데 그것도 뇌를 이식한 것이 아니라
머리를 통째로 이식한 것이기 때문에
제대로 된 실험이라 볼 수도 없지.
진짜 뇌를 제대로 옮겼다고 해도 문제야.
이식하고 나면 몸 주인은 어느 쪽이 가져가게 되는 거야?

01:00

불장난 하면
정말 오줌을 쌀까?

딱 1분만
집중해서 읽어봐

불장난 하면 밤에 잘 때 이불에 오줌 싼다는 말,

다들 들어봤지?

이게 무슨 말도 안 되는 소린가 했는데

알고 보니 과학적인 이유가 있더라고.

물론 모든 불장난 이후에

밤에 오줌을 싸는 건 절대 아니야.

하지만 어린아이 같은 경우는

불을 보고 알게 모르게 신체적으로 긴장을 하게 되면서

당연히 오줌을 참는 데 사용하는 근육인

요도 괄약근에도 힘이 들어가지.

그러다가 밤에 잘 때까지

자신이 생각보다 오줌이 마렵지 않다고 느끼고 잠에 들게 돼.

5세 미만의 어린아이들 중

15% 가량의 아이들이

수면 중에 요실금이 생기는 소아야뇨증을 가지고 있는데,

한마디로 밤에 자면서 오줌을 눠버리는 거야.

이런 친구들이

불장난을 하고 잠에 들면

보다 오줌을 지려버릴 확률이 높겠지?

이런 경우 때문에

종종 불장난 후 밤에 실수를 하는 아이들이 있는데,

대부분의 아이들은 이와 무관하다는 걸 알 수 있어.

결론적으로 불장난을 하면

밤에 실수할 수 있는 확률이

미약하게나마 올라갈 수도 있긴 하지만,

사실은 불장난이 위험하니까

부모님들이 불장난 이후 밤에 오줌을 쌀 수도 있다고

아이들에게 일종의 겁을 주면서

위험한 짓을 하지 말라는 이야기를 하는 거야.

이 글을 읽고 나서 '에이, 오줌 안 지리네'라며

불장난 할 친구들 잘 읽어봐.

불장난 하다가 건물이나 산에 불이라도 크게 나봐.

그땐 진짜 놀라서 실수 정도가 아니라

세계지도를 그릴걸?

우리나라 자동차들은
왜 대부분 무채색일까?

지금 주차장이나 차도를 보면

자동차 색 대부분이 흰색이나 검은색이고

중간중간 회색도 껴 있을 거야.

우리나라 대부분의 자동차 색은 이 3가지에 국한되는데,

이거 왜 이러는 걸까?

우리나라 자동차 색이 이렇게 무채색인 것도

다 심리적인 이유가 있더라고.

먼저 우리나라 사람들은

눈치에 관한 연구 결과나 칼럼에도 언급될 만큼

남 시선을 많이 의식하잖아.

당연히 우리나라 사람들의 이런 심리는

자동차를 고를 때도 자연스럽게 내포되지.

그래서 보통 색이 특이한 것보단

무채색을 선호하면서

흔히 '평범'하다고 불릴 수 있는 색을 고르는 거야.

또 무채색 같은 경우는 오래 써도 질리지 않고

어딜 가나 적당히 잘 어우러지는데

눈에 띄고 튀는 색은 질리잖아.

그럼 오래 타는 것이 힘들어서

그냥 한 번 살 때 무난하게 무채색을 고르는 경향도 있어.

아무튼 무채색의 자동차 자체를

사람들이 많이 선호하다 보니

무채색 차량을 많이 뽑아내서

이런 차량을 사면 금방 받을 수 있지만,

색이 좀 특이한 자동차는 많이 준비되어 있지 않아서

출고되는 시간이 오래 걸린다는 불편함도 있거든.

마지막으로 자동차를 한번 사면

부서질 때까지 타는 사람은 별로 없잖아.

그래서 차를 바꿀 땐 보통 타던 자동차를 파는데,

좀 특이한 색의 자동차는 아무리 같은 자동차라고 해도

무채색에 비해 몇십만 원부터

많게는 몇백만 원씩 더 싸게 팔리기 때문에

나중에 되팔 때 손해 보는 것도 무시할 수 없지.

회장님 같은 사람들은
왜 차 뒷자리에 앉을까?

높은 사람들은 으레 조수석 뒷자리에 타잖아.

왜 하필 앞도 잘 안 보이고

멀미도 잘 나는 곳에 타는 걸까?

알고 보니 이것도 다 심리적인 이유가 있더라고.

사람들은 자신은 상대방이 뭘 하는지 다 볼 수 있고

상대방은 내가 뭘 하는지 볼 수 없어야 안전하다고 느껴.

그래서 인간은 항상

높은 사람이 낮은 사람을 쉽게 감시할 수 있게 했지만

낮은 사람은 높은 사람을 보기 어렵게 해왔지.

동일한 이유로 지위가 높은 사람들은

잘 보이지 않는 높은 곳에서 살고,

파놉티콘과 같은 교도소도

교도관은 수감자를 쉽게 보지만
수감자는 교도관을 보기 어렵게 되어 있어.
그런 습성이 마차를 끌 때도 나타났거든.
높은 분들은 옆자리처럼 평등한 곳이 아니라
마부를 쉽게 볼 수 있으면서
공간이 분리된 뒷자리에 타는 걸 선호했어.
자신은 마부를 볼 수 있지만
마부는 자신이 뭘 하는지 볼 수 없으니까 말이지.

이게 자동차를 만들 때도 마찬가지로 적용되었는데
조수석 뒷자리에 타게 되면
운전사가 뭘 하는진 다 볼 수 있지만
운전사는 뒷자리를 보기 힘들잖아.
자칫 룸 미러로 뭘 보려고 해도
눈알 굴러가는 게 다 보이니 말이야.

또 비서 같은 사람이 같이 타서 업무를 하거나
내릴 때 인도로 내리기 쉬우니까
뒷자리 중에서도 조수석 뒤가 상석이 된 거야.
사고가 나도 앞이 먼저 찌그러지니
뒷자리가 더 안전하기도 하지.

난 이런 것도 모르고 항상 아빠가 운전할 때 상석에 탔네.
근데 아빠 내가 안전벨트 안 매는 건
어떻게 그렇게 잘 보는 거야?

한국인들은 정말
옷을 잘 입을까?

우리는 '올해 봄은 이게 유행이라더라' 하면서
트렌드를 따라가는 일에 무척 민감하잖아.
외국에선 우리나라만큼 패션에 민감하진 않다던데,
그럼 한국인들은 정말 옷을 잘 입을까?

외국인들의 말에 따르면 대부분의 한국인이
옷을 정말 잘 입는다고 해.
게다가 시즌별로 유행하는 옷들이 있는데
이것도 나 좀 꾸민다 하는 사람이면 다들 챙겨 입지.

이렇게 한국인이 옷을 잘 입는 건
우리가 타인의 눈치를 많이 보기 때문이거든.
〈뉴욕타임스〉에서도 한국인은

눈치를 보는 게 특유의 문화라고 설명했고,
미셸 겔펀드라는 미국의 저명한 문화심리학자가
33개국을 대상으로 조사한 연구 결과에 따르면
한국인은 튀는 행동을 잘 안 하려고 하는 것,
사회적 규범이 엄격하고 눈치를 많이 보는 국민으로
5위를 차지했다고 했지.
너도나도 이걸 입고 있는데
나 혼자만 다른 걸 입고 있자니
이게 더 눈에 튀는 것 같고
사람들을 못 따라간다는 느낌을 받는다는 거야.

또 한국은 사계절이 뚜렷한 나라잖아.
계절별로 옷을 바꿔 입어야 하고,
보통 한 계절을 보내고
1년간 그 옷을 꺼내지도 않다 보니
옷이 상하기도 하는 등의 이유로
옷을 새로 사게 돼.
게다가 계절이 바뀔 때마다 인터넷이고 쇼핑몰이고
계절별로 새로 나온 옷을 홍보하기 때문에
옷을 또 살 수밖에 없는 환경에 놓이기도 해.

다만 이렇게 잘 꾸미고 유행을 잘 따라가는 것도
너무 패션이 획일화된다는 점에서
아쉽다는 의견이 많아.

경기가 안 좋다던데,
명품은 왜 잘 팔릴까?

경기는 불황이라고 하는데

명품은 없어서 못 사는 수준으로 붐비잖아.

경기가 안 좋은데 명품은 왜 잘 팔리는 걸까?

알고 보니 경기가 어떻든 명품이 잘 팔리는 것도

다 심리적인 이유가 있더라고.

프랑스의 한 사회철학자는

상품은 단순히 사다가 쓰는 것만이 목적이 아니라

상품을 산 사람을 표현하는 수단이 된다고 말해.

명품은 그냥 물건 자체로 의미를 가지는 것만이 아니라

자신을 표현하는 매개체이다 보니

고급진 물건을 사면서

자신의 가치도 덩달아 높이려고 하는 거지.

게다가 명품 같은 경우 계속해서 가격이 오르잖아.
보통의 물건이면 가격이 오를수록 수요는 줄어들지만
명품은 '베블런 효과'라고 해서 그렇지 않거든.
특이하게 단순 과시욕과 허영심으로 소비하는 경우가 많다 보니
가격이 오르면 '난 이런 비싼 것도 살 수 있다'를 보여주고자
오히려 수요가 높아지기도 해.

그리고 중산층, 중하위 계층에서는
그런 과시적 소비를 할 만큼의
경제적 여유는 없는데도
명품 소비를 멈추지 않는데,
이를 '파노플리 효과'라고 해.
값비싼 명품을 소비하고 다니면
이걸 주로 소비하는 집단과 자신이 같아진다고 생각하며
만족감을 느끼기 때문에 소비가 끊이질 않는 거야.

결론은 경기가 어떻든
많은 사람의 과시욕 덕분에
명품 시장은 비교적 타격감이 없을 수밖에 없는 거지.
명품 시장에서도 사람들의 이런 심리를 알고
가격을 올리는 정책을 짜기도 할 정도야.

근데 뭐 이런 명품도 좋지만
사람이 명품이 아닌데
명품만 두르고 다니는 건 좀 웃긴 듯.

어디든지 무료로
입장하는 법

형광 조끼를 입으면 어디든 마음대로 들어갈 수 있다던데,

이게 진짜일까?

알고 보니 이미 이걸 실험해서 온 세상을 휘젓고 다니는 데

성공한 사례가 있더라고.

호주의 저널리스트 데이비드 알레그레티는

친구 션과 함께 '형광 조끼'를 입으면

과연 어디까지 갈 수 있는지 궁금했어.

먼저 첫 도전인 영화관부터 가뿐히 무료입장에 성공해.

심지어 동물원에서는

방문객이 직원인 줄 알고 동물원 정보를 물었고,

동물원 직원은 업무까지 지시했지.

게다가 유명 록 밴드 콜드플레이의 콘서트장에도

무료로 입장해서
성덕(성공한 덕후)들만 할 수 있는 1열 체험까지 해버렸어.

이 미친 실험이 성공할 수 있었던 건 '제복 효과' 때문이야.
이건 옷에 따라 인간의 심리가 변화하는 건데,
추리닝을 입으면 자유롭게 행동하고
양복을 입으면 조금 단정하게 행동을 한다는 것처럼 말이지.
데이비드와 션도 형광 조끼를 입고
본인들이 진짜 안전요원이 된 것처럼 잔뜩 몰입했어.
무전기를 들고 스태프들이랑 소통하는 듯한 모션에다,
안전과 관련한 대화를 한 거지.
그렇게 작정하고 속이려 드는 사람을
어떻게 의심할 수 있겠어.

또 형광 바지를 입는 K-고딩은 있어도
형광 조끼를 입은 일반인은 한 번도 본 적이 없잖아.
그래서 사람들은 당연하게도 이 둘을
안전요원인 줄 알고 프리패스시킨 거야.
근데 결국 이 둘은 사기 혐의로 법적 처분을 받았어.
고작 몇 푼 아끼겠다고 따라 하면
콩밥 직행열차도 무료 탑승이야.

그리고 팀플할 때
난 버스 기사님 룩 입고 행동한 적 없으니까
무임승차는 당장 하차해줘.

오글거리는 걸 보면
항마력이 딸리는 이유는?

어디선가 오글거리는 걸 보면
항마력이 딸리면서 보기가 싫어지잖아.
오글거리는 걸 보는 게 어려운 것도
심리적인 이유가 있더라고.

꽤 많은 사람이, 남이 하는 일을 보면
내가 저 일을 직접 하게 되면 어떨지
입장을 바꿔서 생각해보는 특징이 있거든.
일종의 공감이라고 보면 되지.
내가 겪어본 일이라면
쉽게 공감하는 게 당연한 일이고,
내가 특정 상황을 겪어보지 않았더라도
마치 내가 겪은 것처럼 공감대를 형성하기도 해.

실제 미국의 한 연구팀에 의하면
타인의 행동을 보고 있기만 해도
내가 그 행동을 하는 것처럼
신경세포가 작동하기도 한다고 했지.
연구팀은 사람 얼굴 사진을 보여주고
그 사람이 어떤 상황인지 맞혀보라고 했는데,
얼굴만 보고도 그 사람이 어떤 심리 상태인지
정확히 맞히는 사람들이 있을 정도였어.
표정만 봐도 공감이 되는데
상황을 직접 보면
공감이 더 잘되는 건 당연하겠지.

결론적으로, 발연기를 하거나
많은 사람 앞에서 과하다 싶은 사랑 시 낭송같이
부끄러움을 살 듯한 행동을 한 사람을 보며
차마 눈 뜨고는 못 봐주겠다 싶은 이유는
내가 발연기를 해서 남에게 욕을 먹는 상황이나
진짜 시 낭송을 하고 있다면 어땠을까라는
심리가 내포되어 있기 때문이라는 거야.
마치 내가 창피를 당하는 것 같으니
상상 속의 나 자신이
부끄럽고 오글거려서 고통스러워지고,
결국 그만 보고 싶어질 수밖에 없다는 거지.

왜 운전대만 잡으면
본성이 나올까?

평소에는 세상 착하던 사람이

운전대만 잡으면 미x놈처럼 굴 때가 있잖아.

왜 운전할 때 사람의 본성이 나오는 걸까?

여기에도 다 심리적인 이유가 있더라고.

첫 번째로, 운전을 할 때는 신호도 잘 확인해야 하고

제한속도도 유지해야 해서

스트레스와 피로가 계속 쌓이기 마련인데

그래서 평소보다 신경이 예민해져서

속마음이 더 쉽게 튀어나오게 되는 거야.

두 번째로, 자동차는 워낙 비싼 물건이라

범퍼만 살짝 긁어도 수리비로 몇십 만원씩 깨지고

어쩌다 외제차랑 부딪치기라도 하면
아주 집안이 거덜 날 수도 있거든.
그렇다 보니 운전 중에는 자연스레 긴장을 하게 되고
평소에 비해 날카로운 모습이 쉽게 나타날 수밖에 없지.

세 번째로, 남들 앞에 서면 절대 노래 못 부르는 사람도
혼자 드라이브할 때는
김나박이 빙의해서 열창하는 거 국룰이잖아.
이처럼 운전할 때는
아무도 나를 보는 사람이 없기 때문에
체면을 지킬 필요가 없어서
내 원래 모습을 솔직하게 드러내게 되고,
남들 앞에선 하지 못할 심한 말도
필터 없이 내보내게 되는 거야.

마지막으로, 운전 중인 사람은 사방이 밀폐되어 있다 보니
심리적으로 보호받고 있다는 안정감을 느끼게 되거든.
이런 상태에서는 아무리 쫄보라도
평소보다 용감해지기 때문에
다른 차들이 좀 거슬린다 싶으면
바로 한문철 변호사님이라도 된 것마냥
아주 쉽게 지적을 하게 되는 거지.

차 안에서는 욕하다가도
막상 내리면 아무것도 못 할 거면서….

Just 1 minute

아니, 법이
그렇단 말이야?

대머리인 걸 숨기고
결혼하면 불법일까?

결혼이란 건 상대방과 영원을 약속하는 아름다운 거잖아.

근데 만약 결혼 후 배우자가 대머리인 걸 안다면

모든 게 다 거짓말 같고 충격적일 텐데,

이걸로 이혼이 가능할까?

일단 일방적인 이혼을 하려면 중대한 사유가 있어야 해.

불륜을 저지르거나 폭력을 당하는 것처럼 말이지.

마찬가지로 큰 거짓말을 해서

원래는 안 할 결혼을 해버린 것이 인정된다면

이혼이 가능해.

직업을 속이거나

건물도 없는데 건물주라고 한 것이 대표적인 예시지.

하지만 거짓말을 의도적으로 한 것이 아니라면

이혼이 어려워.

예를 들어 직업이 뭐냐고 물었을 때

"나 ○○ 대학병원에서 사람 살려~"라면서

당연히 의사인 것처럼 대답했는데

알고 보니 간호사였다면 엄밀하게 거짓말은 아니잖아.

그럼 이혼 사유가 되기 어려워.

탈모도 마찬가지야.

"나 절대 대머리 아니야!"라고 하지 않은 이상

거짓말을 한 건 아니란 거야.

심지어 거짓말을 했다고 할지라도

내용이 매우 중대해야 하거든.

미리 알았으면 절대 결혼을 안 할 것이 공감되어야 해.

대머리라면 결혼하지 않겠다는 사람도 있지만,

상관없는 사람도 분명 존재하기 때문에

중대한 거짓말이라 보기 힘들지.

그럼 절대 이혼은 안 되는 걸까? 그렇진 않아.

대머리인 걸 숨기고 결혼했다면 신뢰가 엄청 깨질 거 아니야.

이걸 시작으로 다른 일에서도 상대를 믿지 못해서

점점 신뢰 관계가 파탄이 나게 된다면

이혼 사유 6호에 따라서 이혼이 가능하긴 해.

근데 아무리 대머리라고 해도

진짜 사랑하면 다 의미 없지 않을까?

소송당하면
어떤 일이 생길까?

소송당하면 인생 망한다는 이야기 들어봤지?
도대체 소송을 당하면 무슨 일이 일어나는 걸까?

형사 소송을 기준으로 하면,
우선 상대방이 너에게 내용증명이란 것을 보내.
내용증명은 법적 효력이 없는 종이 쪼가리긴 한데
원만한 합의를 위한 마지막 경고를 보내는 거라 볼 수 있지.
그리고 이런 내용을 상대방에게
확실히 인지시켜줬다는 효력이 있어.

이때 합의가 되지 않으면 진짜 소송이 시작되는데,
먼저 수사기관에서 연락이 올 거야.
이후 일정을 잡아 경찰서로 가면

이상한 방에 앉아 최소 몇 시간을 조사당해.

도주의 우려가 있으면 체포될 수도 있지.

이때라도 합의가 되면 다행이지만, 안 되면 다음 단계로 넘어가.

경찰의 수사 끝에 범죄사실 등의 증거가 드러나면

검찰에서 이 내용을 가지고 소를 제기하거든.

그럼 법원의 재판이 시작되지.

이때부턴 '2023고합202'(읽는 법: 이공이삼고합이공이) 같은 형식의

사건 번호를 달고

피고인이라는 호칭을 들으면서

검사의 주장을 듣고 있어야 해.

그러다 재판이 끝날 때 검사는 어느 정도의 벌을 주라고 구형하고

판사는 그걸 판단해 판결하지.

여기서 무죄를 받으면 그냥 살던 대로 사는 거지만

유죄를 선고받으면 빨간 줄부터 시작해서

벌금을 내거나 감옥에 갈 수도 있어.

이 모든 일은 짧게 수개월부터 길면 몇 년간 이루어지는데,

그 과정에서 일이나 생활에 지장이 생기면서

계속 검사, 판사의 얼굴을 봐야 하고

변호사에게 많은 돈을 줘야 하지.

법적인 처벌을 피하더라도 이런 경험이 있으면

사람들은 쉽게 무너지고 피폐해져.

그러니까 제발 사고 좀 치지 마!

쳐다만 봐도
진짜 성희롱일까?

다들 '시선 강간'이라는 말 들어봤어?

누군가를 노골적으로 쳐다봐서

엄청난 성적 수치심이 들게 만든다는 건데,

진짜 상대방을 쳐다만 봐도 불법일 수 있을까?

이게 불법이 아닌 것도 다 법적인 이유가 있더라고.

먼저 성희롱이란 것은

성과 관련된 말이나 행동으로

상대가 성적 수치심을 느끼도록 만드는 거야.

말만 놓고 보면 상대방이 기분만 나쁘면

다 문제가 될 것 같은데

법은 그렇게 감정적이지 않아.

대놓고 음란한 말을 퍼부어도 즐기는 사람이 있는 반면,

패션이 좋다고만 해도 수치심을 느끼는 사람도 있다 보니
어디서부터 처벌할지가 너무 애매해.
한마디로 법을 집행하는 데 있어 굉장히 중요한
'명확성의 원칙'을 지키기가 힘들어.

명확성의 원칙이란 걸 지키려면
매우 구체적인 기준을 두어야 하거든.
'가슴이나 허벅지 같은 부위를
5초 이상 응시하는 것을 금지한다'처럼 말이지.

근데 이렇게 하다 보면 4초까진
마음대로 봐도 된다는 말처럼 들리기도 하고,
실수로 민망한 곳을 향해 멍을 때리다가
처벌받는 억울한 사례가 생길 수 있어.
그리고 진짜 상대방이 음흉한 목적으로 봤다고 해도
이걸 현실적으로 입증하기도 힘들어.
또 자기 눈으로 남의 신체를 볼 자유도 있고,
노출이 심한 의상을 입고 다닐 자유도 있잖아.
그래서 불법으로 규정하기 어렵지.

다 필요 없고 내가 딱 정해줄게.
노골적으로 특정 부위를 보려고도 하지 말고,
남의 시선에 너무 많은 의미를 두지도 말자.
안 그러면 모두 다 지하철에서
천장만 보고 있어야 할 거야.

속도제한 80km일 때
81km도 걸릴까?

과속 단속 구간에서

1km/h만 아슬아슬하게 위반해도

나 걸리는 건가 하고 괜히 쫄았던 적 있지?

결론부터 말하자면

이 정도의 과속으로는 단속에 잡히지 않는다고 하는데,

이것도 다 그럴 만한 이유가 있더라고.

인간이 만드는 물건들은

어쩔 수 없이 오차가 발생할 수밖에 없는데

단속 장비의 이런 오차들은

99km/h로 달리는 차를 101km/h로 가끔 인식할 수도 있어.

그래서 경찰 측에서는 이런 측정 장비의 오차로 인해

애꿏은 운전자가 피해를 보지 않도록

보통 측정된 자동차의 속도가
규정 속도보다 10km/h를 초과하지 않는다면
굳이 단속해서 과태료를 물리지 않아.

하지만 오차범위의 기준이
지역과 장비마다 조금씩 다르기 때문에
실제로는 얼마부터 단속에 잡히는 건지
정확한 수치를 알 수 없고,
경찰도 공개할 수 없다고 해.

그리고 자동차의 속도를 나타내는 계기판과
실제 차량의 속도에는 조금 차이가 있거든.
'자동차 안전기준에 관한 규칙' 110조에선
계기판의 속도는 실제 속도와
같거나 그보다 높아야 한다고 정해뒀는데,
기계의 오차로 운전자가 규정 속도를 넘어가는 걸 막고
운전자가 더 빠르게 달린다고 생각하게 해서
과속을 최소화하기 위함이야.

하지만 최근엔 이 사실이 너무 널리 알려지면서
정확한 속도를 알려주는 내비게이션으로 주행하면서
아슬아슬하게 단속 구간을 통과하는 사람들이 많아져버렸지.

그렇게 빨리 가고 싶으면
어제 출발하지 그랬슈~

비행기에서 태어나면
어느 나라 국적일까?

우리나라에서 태어난 아기는 한국인,

미국에서 태어난 아기는 미국인인 건 당연하잖아.

그럼 비행기 위에서 아기가 태어나면 어떻게 될까?

일단 우리나라는 '속인주의'를 채택하고 있어.

어디서 태어나든

부모가 한국인이면 자식도 한국인이란 거지.

반면 미국 같은 나라는 '속지주의'라고 해서

미국 영토나 영공 내에서만 태어나면

미국인 국적을 갖게 돼.

우리나라 사람이 미국에서 아기를 낳으면

미국인도, 한국인도 되는 거지.

하지만 미국 영공에 들어가기 전에

어느 나라에도 속하지 않는 바다 위인

공해상에서 아기가 태어나면

미국 국적을 가질 수가 없어.

이땐 '기국주의'를 적용해서 해결할 수 있거든.

쉽게 말하자면 기국주의는

배나 비행기상에서 발생하는 어떤 문제 같은 걸

배나 비행기 주인 국가의 법으로 진행하는 거야.

누구의 나라도 아닌 공해상에서 벌어지는 문제를

해결할 수 있는 방법이지.

만약 공해상을 날고 있는데

그 비행기가 미국 비행기라면

미국 땅과 같은 법을 적용해서

미국 국적을 부여할 수도 있다는 거야.

그래서 옛날에 우간다 사람이

미국 비행기를 타고 캐나다 위를 날다 애를 낳았는데

속인주의로 우간다, 속지주의로 캐나다,

기국주의로 미국 국적을 획득한 아이가 있다더라고.

이런 방식으로 국적이 정해지다 보니

미국은 외국인들의 원정 출산을 막기 위해

임산부의 미국 비자 발급을 엄격하게 검사하는 등

여러 조치를 취하고 있대.

지하철에서 방귀 뀌면
그것도 범죄일까?

사람이 많이 모인 곳에서

누군가가 뀐 방귀 냄새를 맡는 순간

느껴지는 불쾌감은 말로 표현이 안 되잖아.

그럼 지하철 같은 밀폐공간에서 방귀를 뀌는 건 범죄일까?

결론부터 말하자면 범죄로 성립되기 어려워.

먼저 방귀는 기체니까

소변이나 대변처럼 사람들 눈에 띄어서

시각적으로 불편함을 주는 것도 아니고

근처 환경을 오염시키지도 않아.

또 방귀 냄새는 맡는 사람 입장에서는 심히 불쾌해도

건강에 딱히 해를 끼치는 것도 아닌 데다가

결론적으로 방귀를 누가 뀌었는지 대충 유추는 가능해도
그 사람이 뀌었을 거라는 확신을 갖고 잡기도 어렵거든.
아무튼 지하철에서 어쩔 수 없이 방귀를 뀌었을 땐
별수 없다는 거야.

근데 그래도 방귀 냄새가
정말 끔찍하기 때문에 조심해야 하는데
과거 스페인에서는 일명 방귀 테러 사건이라고 해서
어떤 여성이 방귀 한 번 뀌었다가
주변 승객들이 실신하고 앰뷸런스까지 온 사태가 있었어.

참고로 하나 주의할 게 있는데
방귀까진 어떻게 넘어간다 해도
지하철에서 소변이나 대변을 보는 건 안 되거든.
지하철 같은 곳에서 볼일을 보는 건
그걸 치우기 전까지 흔적도 남아 있고
시각적인 불쾌감을 줄 수 있기 때문에
피해의 수준이 훨씬 더 클 수밖에 없잖아.
게다가 대변 자체만으로 병을 옮길 수도 있기 때문에
훨씬 더 위험하지.
지하철에서 볼일을 봤다간
경범죄 처벌법에 의해서 처벌받을 수 있게 돼.

지하철에서 진짜 못 참겠으면
이거 때문에 경찰조사 받는 자신의 모습을 상상해봐.

우리나라는 왜 사형을
집행하지 않는 걸까?

가끔 뉴스를 보다가 진짜 나쁜 범죄자들을 보면
대체 사형제도는 왜 시행이 안 되나 싶잖아.
이럴 때마다 넘치는 분노를 참을 수 없는데,
우리나라는 왜 사형을 안 시킬까?

우리나라에서 사형을 집행하지 않는 것도
나름 여러 가지 이유가 있는데
먼저 오심의 가능성이 있다는 거야.
아무리 철저하게 재판을 하더라도
결국엔 사람이 하는 일이니까
당연히 잘못된 판결이 나올 수 있는데,
잘못된 판결로 사람을 죽인다면
이건 정말 돌이킬 수 없게 되잖아.

해마다 오심으로 밝혀지는 판결이 나오는데
그중 사형으로 억울해지는 사람이 있을 수 있다는 거지.

다음으로는 사형을 집행한다고 해도
흉악범죄를 크게 예방할 수 없기 때문이야.
UN에서도 사형의 범죄 예방효과에 대해 광범위하게 조사한 결과,
사형제도가 그렇게 큰 영향력이 없는 것으로 나타났고
사형이 있든 없든 변화가 일어나진 않을 거라고 했어.
사형제도가 집행되더라도 범죄율엔 큰 차이가 없다는 거지.

또 가해자를 제거함으로써
피해자를 대신해
복수를 해줘야 하지 않겠냐는 의견도 있어.
하지만 국가인권위원회에 의하면
가해자를 사형으로 없애버린다고 해서
피해자의 문제가 완전히 사라지는 것도 아니고,
게다가 국가 입장에선 사형으로 가해자를 없애면
피해자에게 충분한 보상을 다 했다고 판단해버릴 수 있지만
사형을 집행하지 않으면
국가는 피해자의 사회복귀를 위해 더 노력할 수밖에 없기 때문에
피해자를 더 위하는 길이라고 볼 수도 있다고 나와 있어.

후…. 그럼 형량이라도
좀 세게 때려주면 안 되나.

사실을 말한 건데
왜 명예훼손일까?

우리나라 형법에는 아무리 사실만을 말해도

범죄자가 될 수 있는 법이 있어.

바로 형법 제307조에 있는 '사실적시 명예훼손'이지.

예를 들어 내가 고양이를 데리고 병원에 갔는데

수의사 과실로 약을 잘못 처방받아서 큰일이 날 뻔한 거야.

그럼 너무 분하고

다른 사람들도 그 병원에 안 갔으면 하는

마음이 있을 거 아니야.

그래서 이걸 SNS 같은 곳에 올리면

그게 사실일지라도 처벌을 받게 된다는 거지.

게다가 어떤 노동자가 임금체불을 당해서

피켓을 들고 1인 시위를 했는데

지나다니는 행인들한테 그 사실을 알렸다는 것만으로도
유죄판결이 나기도 했어.
거짓말을 한 것도 아니고 사실만을 말한 건데
왜 명예훼손이라며 처벌을 받는 걸까?

사실적시 명예훼손 조항을 만들게 된 이유는
바로 인격권을 보호하기 위해서야.
우리나라는 표현의 자유가 있기 때문에
이로 인해 혹시라도 누군가가 피해를 보지 않도록
인격권을 보호하는 거지.
사실적시 명예훼손 때문에
표현의 자유가 방해받는다는 주장이 있기도 하지만,
한번 명예가 훼손되면 완전히 회복되기 어렵기도 하고,
이렇게 법으로 제재하지 않으면
문제가 생길 수 있거든.
내가 실수를 하나 저질렀는데
그걸 누가 퍼뜨리고 다녀서
계속 부당한 취급을 받고 살아간다고 생각해보면
이 법이 왜 계속 유지되고 있는지 이해가 쉬울 거야.

다만 그 사실적시가 공공의 이익에 관할 때는
처벌하지 않는 등
필요에 의한 경우는 좀 풀어주기도 하지.

진짜 이런 법 없었으면 나도 할 말 참 많은데 ^^

반려견에게 유산을
물려줄 수 있을까?

내가 죽기 전에

현생에 가지고 있던 유산을 누구에게 얼마나 주겠다고

유언을 남겨놓으면

유산을 물려줄 수 있는 게 보통은 가능한데,

그렇다면 내가 키우던 반려견에게

유산을 남기는 것도 가능할까?

결론부터 말하자면 불가능해.

법에서 나의 재산을 상속받을 대상을 정하는 데

키우던 강아지는 대상이 되지 않기 때문이야.

우리나라 법으로 반려견은

'물건'에 해당하거든.

당연히 물건에 돈을 상속하는 건 어려울 거 아니야.

그럼 내가 키우던 반려견에게 뭐 하나도

제대로 남길 수 없는 걸까?

그건 아니야.

내가 죽고 나서 내 반려견을 잘 케어해주는 조건으로

다른 사람에게 집이나 돈을 유산으로 남기면서

내 반려견 좀 잘 돌봐달라고는 할 수 있어.

뭐 이렇게나마 간접적인 방법으로

반려동물에게 돈을 쓰는 건 가능하지만

솔직히 증여해주고 난 다음

그 사람이 반려견을 잘 케어하는지

제대로 확인할 방법이 없기 때문에

현실적인 어려움이 있다고는 해.

그럼 우리나라 말고 미국 같은 데서는

키우던 반려견에게 몇백억씩 남기고 그러던데

해외는 가능한 걸까?

해외에서는 '반려동물 신탁법'이라고 해서

반려동물을 돌봐줄 사람을 지정하고 그 사람에게 돈을 주면

그 돈으로 반려동물을 병원에 데려가고

끼니를 챙겨주는 게 가능한 곳도 많아.

한마디로 우리나라는 간접적인 상속만 가능하지만

해외는 직접적이고 더 체계적인 상속이 가능하다는 거지.

1,500억 상속받은 개도 있다던데,

그런 그 개는 앞으로 어떤 삶을 살게 되는 거지?

사람의 뼛가루를
바다에 뿌려도 될까?

사람이 죽어서 화장을 하면 뼛가루가 생기는데,

드라마에서 보면 이걸 바다에 뿌리며 추모하기도 하잖아.

분명 환경오염이 될 거 같은데,

과연 뼛가루를 바다에 뿌려도 될까?

이렇게 뼛가루를 바다에 뿌리는 걸

바로 '바다장' 또는 '해양산분'이라고 부르는데,

불법으로 명시된 건 아니기 때문에 가능하긴 해.

사람의 뼛가루 자체를

해양환경관리법에서 규정하는 폐기물로 볼 수 없기 때문에

해양투기 규제 관련 규정을 적용하지 않지.

게다가 국토해양부에서 뼛가루의 성분조사와

여태 뼛가루를 뿌렸던 해역의 수질 조사를 했는데,
바다에 뼛가루를 뿌린다고 해서
해양환경에 악영향을 일으킬 가능성은 극히 희박하다고 해.
즉 환경오염 걱정은 할 필요가 없다는 거야.

단, 육지에서 5km 이상 떨어져 뿌려야 하고,
또 양식장 같은 게 없는 곳에서만 가능해.
그리고 뼛가루가 바람에 날리지 않도록
수면 가까이에서 뿌리며
뼛가루와 생화 이외에 그 어떤 것도
바다로 보낼 수 없게 해서
사람들에게 직접적인 영향을 끼치지도 않게 하고
환경을 보호하고 있지.

심지어 국토해양부 관계자의 말에 따르면
바다장을 치르게 되었을 때
묘지 부족과 국토 경관 훼손 문제 해결에
긍정적 효과를 가져오게 될 거라고 했어.
또 장례 관련 사업 관계자는
추모공원 같은 건 혐오시설이라며
건설을 반대하는 지역주민들의 님비현상도 막을 수 있는 등
큰 장점이 되기도 한다고 했어.

살아서도 땅이 없어서 난린데
죽어서까지도 땅이 문제네!

카드 뒷면에 한 사인,
정말 효력이 있을까?

가게에서 5만 원 이상 결제를 하면

꼭 사인을 하라고 하잖아.

그럴 때마다 각 잡고 늘 같은 사인을 하는 게 아니라

찍 긋기도 했다가 동그라미도 그리는 등

암튼 그날의 내 손목 스냅에 모든 걸 맡기잖아.

근데 이렇게 매일 사인을 바꿔서 하면 과연 효력이 있을까?

먼저 결제 후 사인을 하는 건,

내가 그만큼의 돈을 썼다는 걸

스스로 인정하는 증거로 남기는 거잖아.

그래서 그 사인이 내 사인이 맞는지 꼭 확인 가능해야 하거든.

보통은 카드 뒤 사인란에 사인을 해놓고,

내가 영수증에 한 사인이랑

카드 뒤 사인이 일치하는지 확인하지.

그렇기 때문에 사인을 할 땐

꼭 카드 뒤에 있는 사인과 같은 사인을 해야 해.

내가 아무거나 슥 그려버리면

나중에 카드를 분실했을 때

누군가 내 카드를 함부로 쓰고

과거의 나처럼 아무렇게나 사인을 해버려도

그게 내가 쓴 게 아니라는 걸 증명하기가 어려워져.

그렇게 멋대로 사인하면 누가 내 카드를 들고 가서 써버려도

어쩔 도리가 없을 수도 있기 때문에

카드 뒤 사인이랑 같은 사인을 하고 다니라는 거야.

그럼 누가 내 카드를 주운 뒤

내 사인을 모방해서 하고 다니면 어떻게 될까?

이런 경우는 카드회사가 보상을 해준다고 해.

참고로 업주는 카드 결제를 하는 고객이

카드 뒤의 사인과 일치하는 사인을 하는지

제대로 확인을 해야 하는데

만약 이걸 비교하지 않았다가

나중에 다른 사람이 카드를 긁었다는 게 밝혀질 경우

업주가 보상하게 될 수도 있어.

근데 도저히 사인을 정성 들여 하고 다니기 어렵다 싶으면

누가 절대 내 카드 남용 못 하게

잔액을 몇백 원만 남기는 건 어때?

시체를 못 찾으면
살인이 아니라고?

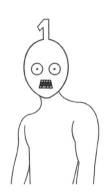

살인죄는 정말 나쁜 범죄잖아.

근데 시체가 발견되지 않으면 무죄라는데,

그게 정말 사실일까?

우리나라는 '무죄추정의 원칙'을 사용하고 있어.

이 사람이 범죄를 저지른 것처럼 보여도

유죄가 확정되지 않는 한, 죄가 없다고 간주하는 거지.

이런 답답한 법이 있는 이유는

범죄자를 제대로 처벌하지 못하더라도

한 명의 선량한 사람을

억울하게 벌하지 않도록 하기 위함이야.

살인죄도 비슷하게 보면 돼.

아무리 사람을 납치해서 죽인 것처럼 보여도

그 피해자가 사실 숨이 붙어 있거나

어디로 도망쳐서 속세에서 사라져서 못 찾은 걸 수도 있으니까

살인범으로 몰아서 처벌할 수는 없다는 거지.

그래서 살인죄를 입증하기 위해서는

시신이 확실히 발견되어야 하고,

이 사람이 명백히 사람을 죽였다는 게 밝혀져야만 해.

그런데 만약 진짜 악랄한 살인자가

시체를 제대로 숨겨버려서 못 찾는다면

유괴까지만 인정되고 살인을 입증하기 힘들지.

그럼 너무 법이 억울하잖아.

살인죄를 면하고 싶으면

시체를 꼭꼭 숨기라고 알려주는 것 같기도 하고 말이야.

그래서 우리나라는 간접적으로도 살인을 증명할 수 있어.

시체를 못 찾더라도 그 피해자가 죽었다는 걸

의심의 여지 없이 입증할 수 있는 증거를 찾으면 되지.

예를 들어 살해 상황이 담긴 영상 같은 증거 말이야.

그래서 시신을 굴삭기를 동원해 땅에 묻어버려 찾지 못한 사건도

누가 봐도 사람이 죽었다는 게 명백하기 때문에

살인죄가 인정되기도 했어.

진짜 이렇게 악질적으로 범행하는 애들이야말로

두들겨 패놓고는 때린 증거를 아예 인멸해야겠어!

01:00

정신적 피해보상은
얼마나 받을 수 있을까?

딱 1분만
집중해서 읽어봐

누가 내 물건을 깨부수면 손해배상을 해주잖아.

그런데 누군가 내 멘탈을 깨부수는 경우에도

정신적 손해배상이 가능하다던데,

이건 얼마나 받을 수 있을까?

먼저 다른 손해배상 같은 경우는 금액 측정이 간단해.

예를 들어 내가 사고로 일을 며칠간 못 했다면

내가 평소에 얼마를 벌어들였는지 등에 따라

배상받을 수 있는 금액을 책정하거나

물건이라면 물건 가격을 참고하면 되지.

근데 정신적으로 피해를 보는 건

얼마나 힘들었는지 입증하기도 어렵고,

입증한다고 해서 원하는 금액대로 받아낼 수도 없어.
너무 주관적인 영역이다 보니
법에도 명확한 규정이 없지.

대법원의 판결 내용에 따르면,
불법행위로 입은 정신적 고통에 대한 위자료 액수에 관해서는
담당 법원이 여러 사정을 참작해 그 직권에 속하는 재량에 의해
이를 확정할 수 있다고 나와 있어.
위자료 액수의 책정은 그 사건의 담당 판사 재량에 달린 거지.
근데 또 그렇다고 해서 완전히 판사 마음대로
이 판사는 100만 원, 저 판사는 1,000만 원, 이러면 안 되니까
어느 정도의 기준치는 정해져 있거든.

그래서 비슷한 사건의 경우
거의 같은 금액의 위자료가 책정돼.
개가 차에 치인 경우에는 20만 원을,
술자리에서 술을 얼굴에 뿌리고
술잔을 얼굴에 집어 던진 경우에는 2,000만 원을,
수년간 악플로 특정 사람을 괴롭힌 사람은 1,500만 원이 나왔지.
그 금액이 작아 보일 수도 있지만,
피해의 정도가 크면
그 액수가 매우 커지는 경우도 많아.

그니까 서로 피해주지 말고 살자.
아… 그래서 악플이… 1,500만 원 받았다고 했지?

공소시효란 제도는
왜 만들어둔 걸까?

죄를 저지르고 잘 숨어 다니면
공소시효가 지나서 처벌하지 못하는 거 알고 있지?
도망가라고 부추기는 것도 아니고,
공소시효는 왜 있는 걸까?

우리나라에서 범죄자를 법으로 처벌하는 목적은
범죄인을 교화해서 사회로 돌려보내는 거야.
한마디로 두들겨 패서 복수하는 게 아니라는 거지.

만약 누가 사람을 두들겨 패고
공소시효인 5년 동안 잘 숨어 다니게 된다면
그 5년이라는 시간 동안 아무 범죄를 추가로 저지르지 않고
조용하게 도망자 신세로 살았다는 것이기에

사회로 무사히 복귀된 것으로 보겠다는 거야.
이미 교화되어서
정상적인 사회 구성원이 되어 살아가고 있는 사람을
다시 법으로 두들겨 패는 건 옳지 않다는 거지.

또한 공소시효가 없다면
잡지도 못할 범죄자를 잡겠다고 계속 수사력을 낭비하게 돼.
수사 인력이 무한한 것도 아니고,
못 잡을 사람을 쫓아다니고 있다면
또 다른 범죄 피해 예방에 소홀해질 수 있어.
그리고 증거 보전도 문제야.
증인의 기억이 소실될 수도 있고
증거물도 변질되니 객관성을 잃기 쉽지.

그럼 해외에 가서 숨으면 된다고?
해외를 간다고 해서 해결되지는 않아.
해외에 있는 시간은 공소시효가 지나는 데 포함되지 않거든.

그렇다고 모든 범죄가 공소시효가 있는 건 아니야.
국가 내란, 집단 살해, 강간, 살인 등의 범죄들은
시간이 지난다고 해도 교화되기가 어렵고,
국가 유지에 도움이 안 된다고 생각하기에 공소시효가 없어.

그냥 화끈하게 범죄를 저질렀다면
'화끈하게' 벌 받으러 가자.

남의 집을 쳐다보는 것도
불법일까?

아파트에 살면 다른 아파트의 집 안을 볼 수 있잖아.

집은 개인의 공간이다 보니

발가벗고 다니거나 다른 민망한 상황이 많을 텐데,

이걸 다른 사람이 고의로 훔쳐보고 있으면 문제가 될까?

알고 보니, 이게 전혀 문제가 없는 법적인 이유가 있더라고.

옛날에 1층에 살고 있던 어떤 여자의 집 창문에 꼭 붙어서

집 안을 쳐다본 사람이 있었거든.

하지만 법적으로 이 사람을 전혀 처벌할 수가 없었어.

만약 손이나 얼굴이 조금이라도 집 안으로 들어왔다면

주거침입죄에 해당하겠지만,

창문에 붙어서 봤기 때문에 전혀 문제가 되지 않았지.

성폭력처벌법이나 다른 법들을 살펴봐도

단지 쳐다봤다는 이유만으로
누군가를 처벌할 순 없는 게 현실이야.

만약 이 사람이 쳐다보는 걸 넘어서
아파트 계단이나 복도, 엘리베이터로 들어왔다면
이런 공간도 공용공간이기 때문에
주거침입죄로 처벌받을 수 있지만,
그게 아니라면 어떻게 할 수가 없어.
과거 창문 사이로 손을 집어넣어서
주거침입죄로 처벌받은 사람은 있었어.

또 자기 아파트에서
건너편 집을 관찰하는 것도 전혀 문제가 되지 않아.
만약 이걸 처벌하게 된다면
밖에서 실수로 집을 쳐다본 사람들이나
자신의 집에서 밖의 풍경을 보는 것도
다 처벌할 수 있는 여지가 있기 때문이야.

하지만 이걸 지속적으로 반복하고
자신이 하지 말라고 명확히 거절의사를 표시했다면
스토킹처벌법으로 처벌받을 수는 있어.

누가 자꾸 쳐다보면
그냥 거울 치료를 해주자.

장기간 무단주차 하면
어떻게 될까?

가끔 뉴스에서 보면

무단주차 때문에 법적 싸움까지 가던데

만약 차주가 나타나지도 않고,

한자리에 10년 동안 무단주차 하면

그 차주에 대한 처벌은 어떻게 될까?

알고 보니 이런 일들이 실제로 벌어지고 있더라고.

한 선팅 전문점 앞을

무려 1년이 넘게

차량으로 가로막아 주차한 최근의 사례가 있어.

선팅 값 5만 원으로 시작된 분쟁이 커져서

손님이 자기 차를 주차해놓고 잠적해버리는 바람에

사장님은 다른 손님을 받을 수 없었지.

근데 사장님은 분명 신고를 했을 텐데
어떻게 1년이나 끌었을까?

공유지에서 일어나는 불법 주정차는
관련 기관에서 민원을 처리해주지만
가게 앞은 사장님 개인 사유지니까
신고해도 국가 기관이 맘대로 건들 수 없거든.
그럼 마냥 방치해야만 하는 걸까?
현행법상으론 거의 그렇다고 볼 수 있어.
민법상 토지 사용료를 청구할 수 있다고
경고문을 붙일 순 있는데
이것도 안 지키면 그만이라고 해.
결국 한자리에 10년 동안 무단주차 해도
손쓸 도리가 없는 거지.

법이 이러니까 사유지 불법주차 민원이
2010년부터 10년간 무려 153배나 늘었거든.
그래서 한 국회의원이 주차 질서 위반 시
자치단체장이 차주에게 이동 주차를 명령할 수 있게 하는
주차장법 개정안을 발의했어.

근데 이런 법이 발의되고
법안이 통과되기까지 기다릴 순 없다며
양심 없이 무단주차 하는 차주를 참교육하는 일도 많아졌어.
바퀴에 자물쇠를 잠그기도 하고, 아예 벽돌로 가두더라고!

계좌이체를 잘못하면
어떻게 해야 할까?

가끔 송금을 하다 보면

엉뚱한 데 보내면 어쩌나 걱정한 적 있지?

근데 이 걱정이 현실이 되면

이거 도대체 뭘 어떻게 해야 할까?

일단 이용하고 있는 은행에 전화를 해야 해.

그리고 착오 송금 반환청구를 하는 거지.

근데 받은 사람이 배째라고 나와버리면

돈을 돌려받기가 상당히 곤란해져.

다행히 송금일이 2021년 7월 6일 이후고

착오 송금액이 5만 원에서 1,000만 원 사이라면,

예금보험공사에 전화하면 반환받을 수도 있어.

그럼 여기서 돈을 받은 애를 찾아내서 돈을 달라고도 하고,
안 준다고 하면 지급명령을 하거나 소송까지 해줘.
그리고 일 처리 비용을 떼고서 돈을 돌려주지.

근데 이렇게라도 해서 돌려받으면 다행이지만
이것도 신청 못 하는 경우들이 있거든.
카카오페이나 토스 같은 걸로 송금을 한 경우야.
이게 아니더라도 돈 받은 애 통장이 압류가 된 경우는
돈을 돌려받기가 상당히 어려워져.
그때부턴 부당이득 반환청구 소송을 해야 하는데,
잘못 보낸 돈이 100만 원 정도라면
소송을 통해 돈을 받아내는 데 드는 비용이 더 커져.

그래서 이런 점을 알고 있는 사람들이
돈을 일부러 돌려주지 않고 버티는 경우도 있다고 해.
그럼 지금까지 대체 얼마나 많은 사람이 버티고 있을까?

카카오페이 같은 간편 송금을 이용해
잘못 보낸 금액만 130억 원에 달하고
이 중 95억 원은 돌려주지 않았대.
일반 은행까지 포함하면 엄청나겠지.

진짜 이렇게 돈을 잘못 보낸 것도 잘못이지만
그걸 악용해서 배째라는 분들,
정말 너무한 거 아냐!

피해자가 처벌을 원치 않으면
진짜 처벌 안 할까?

사람이 살다 보면 누가 누구를 때릴 수도 있고,

헛소문을 퍼트리거나,

실수로 민감한 부위를 만질 수도 있잖아.

누군가가 이런 걸 경찰에 신고했을 때

피해자가 처벌을 원하지 않으면 정말 처벌되지 않을까?

알고 보니 이것도 케바케인데, 다 이유가 있더라고.

일단 피해자가 처벌을 원치 않을 때

처벌하지 않는 죄들을 반의사불벌죄라고 해.

경찰이 상황을 목격했든, 누가 신고했든 상관없이

피해자가 괜찮다고만 한다면 문제없지.

예를 들어 폭행, 협박, 임금체불이 있어.

아무리 맞아도 피해자가

'나 괜찮아요… 헤헤…' 하면 문제가 없고,
1년 치 돈을 못 받아도
'나 괜찮아요… 헤헤…' 하면 문제가 없어.

근데 원래 스토킹도 반의사불벌죄였지만 이제는 아니야.
스토킹 가해자가 피해자에게
출소하고 나서 어떻게 해버리겠다면서 협박하자,
뒷일이 무서운 피해자들이
죄다 처벌을 원치 않는다고 하는 문제 때문에
그냥 처벌을 해버리는 걸로 바뀌었지.

또 비슷한 걸로 친고죄가 있거든.
피해자가 고소하지 않으면
수사나 처벌이 이루어지지 않는 거야.
대표적으로 모욕이나 비밀침해죄 등이 있지.
반의사불벌죄는 타인의 신고나 경찰의 목격으로
수사가 진행되기도 하지만
친고죄는 개인의 사생활 침해 우려 때문에
피해자가 원치 않으면 수사조차 하지 않아.
그래서 경찰 앞에서 다른 사람에게
열심히 소 새끼, 말 새끼 욕을 해대도
피해자만 괜찮다면 뭐 어떻게 할 수가 없지.

근데 부모님 주민등록번호 부정 사용도 반의사불벌죄던데,
그래서 다들 어릴 때 부모님 번호로 성인인증을 하는 거구나.

01:00

어깨빵도 뺑소니로
처벌받는 걸까?

사람 많은 곳 지나가다가 어깨 부딪혀본 적 다들 있지?

소위 '어깨빵'이라고 많이들 부르는데

이거 진짜 조심해야 해.

어깨빵 잘못 했다가 인생이 완전 꼬일 수도 있더라고.

일반적으로 어깨빵이 발생할 때는

휴대폰이나 다른 곳을 쳐다보다가

앞에 오는 사람을 미처 발견하지 못해서 부딪히는 경우잖아.

이 경우에는 서로 고의가 없기 때문에

법적인 문제가 발생할 일은 거의 없지만,

만약 피해서 갈 수 있는데도 일부러 피하지 않아서

어깨빵을 하게 되었다면 문제가 생길 수 있어.

이런 경우에는 고의가 있었기 때문에

폭행죄가 성립되기도 하거든.
실제로 2014년에는 고의로 여성들과
어깨를 부딪치고 간 한 남성이 폭행죄로 검거된 사례도 있지.

그리고 어깨빵이 발생하면
서로 기분이 상해서 큰 싸움으로 번지기 쉽잖아.
근데 이렇게 되면 진짜 큰일이야.
2021년 6월에는 길을 가던 두 사람이
어깨를 부딪쳐서 말다툼을 하게 되었는데
서로 감정이 격해지다 보니까
몸싸움으로까지 번졌고,
그중 주먹으로 얼굴을 맞은 한 명이
사망한 사건이 있었어.
어깨빵 때문에 일시적으로 상해버린
감정을 제어하지 못해서
서로의 남은 인생까지 망치게 된 거지.

그러니까 이런 일이 발생하지 않도록
길을 걸을 땐 웬만하면 휴대폰은 보지 말고,
앞에 누가 오는지 확인하면서
조심조심 다니는 게 좋겠지?

근데 길에서 나 만나면 어깨빵 좀 해주라.
나도 이참에 합의금이나 좀 받아보게.
드루와~ 드루와!

주민등록증 주소를
안 바꾸면 어떻게 될까?

살다 보면 사람들이 이사를 하게 되잖아.

근데 이사 간 집으로 주소를 이전하지 않고

그냥 살게 된다면 과연 어떻게 될까?

가장 먼저 주민등록증의 주소가 계속 바뀌지 않는데,

주민등록증에 적힌 주소는 거의 의미가 없어.

국가 전산 시스템에 어떤 주소가 등록되어 있는지가 중요하지.

불편한 게 많겠지만

전입신고 하는 게 귀찮아서 끝까지 버티게 된다면

전산상 주소지에는 새롭게 이사 온 다른 사람이 살고 있을 것이고

국가는 내가 어디에 사는지를 모르게 돼.

그럼 일단 과태료가 나오거든.

정당한 사유 없이 이사를 한 뒤에도

전입신고를 하지 않고 살게 된다면
5만~50만 원의 과태료를 낼 수 있어.

이뿐만이 아니야.
이사 간 집이 자기 명의가 아니라면
보증금을 보호받기가 매우 어려워지지.
그리고 운전하다 발생한 과태료나
세금 납부 고지서들이 막 날아오더라도
통지서를 제때 확인하기가 어려워.
위택스 같은 어플이나 문자, 카톡 등으로 정보가 날아오긴 하지만
이걸 놓치면 기본적으로 납부 지연세를 내야 해.

그리고 만약 신호위반이 적발되어서 범칙금을 맞게 되었다면
이것도 집으로 날아가게 되거든.
근데 거긴 다른 사람이 살고 있잖아.
그럼 주소가 확실하지 않은 사람으로 분류되어서
즉결심판을 받게 돼.
그리고 범칙금이 5만 원이라면 이때부턴 75,000원이 되지.

그래도 계속 납부를 안 할 거 아니야?
그럼 지방법원에 소환당하지.
돈도, 시간도 손해 보니까 굳이 이렇게 살 필요는 없어.

유일한 장점이라고 한다면
국가조차 내가 어디 있는지 모르는 게 좀 간지나는 것이랄까!

회사에서 브이로그를
찍어도 될까?

요즘 회사에 카메라 갖고 와서

업무 시간에 키보드 두들기는 것부터

왓츠인마이백(What's in my bag)까지 찍던데,

이렇게 회사에서 브이로그(VLOG)를 찍어도 되는 걸까?

일단, 법조계에선 영상을 촬영하는 것만으론

불법의 소지가 없다고 했어.

하지만 촬영을 하다 보면

주변 사람의 목소리, 신체의 일부나 얼굴이 나오잖아.

그럼 다른 사람에게 피해가 생길 수 있고,

실수로 회사의 영업비밀 등이 노출되면

다른 차원의 법적 문제가 생길 수 있지.

심지어 영상이 떡상해서 많은 사람이 본다면
강제 출연된 동료들과 회사의 피해가 더 커질 거야.

또 이걸로 돈을 벌게 된다면
회사의 정보 등을 노출해 돈을 벌었다는 이유로
공무원은 물론 특정 기업에선 겸직금지 위반에 해당할 수도 있어.
자칫하면 회사 위의 무법자가 될 수도 있다는 거지.

얼마 전, 은행원이 고객 정보를 브이로그에 올려
은행에서 사과문을 올리기도 했고,
동료의 허락 없이 영상이 나가서
법적 문제로 갈 뻔한 사례도 있어.

그렇다고 해도 브이로그를 회사에서 막는다면
지나치게 통제하는 분위기가 될까봐
회사도 난처하다고 하더라고.
최근엔 경기 불황으로 권고사직을 당하는 상황이나
이직을 위해 퇴사를 선언하는 영상을 올리는 사람까지 생기면서
정말 다양한 직장 브이로그가 생기고 있거든.
이런 영상의 댓글을 보면
왜 저런 것까지 회사에서 찍냐는 반응부터
공감하는 사람까지 다양한 반응을 보이고 있어.

사실 나도 하나 찍어볼까 하다가
처음이자 마지막 직장 브이로그가 될 것 같아서 사리는 중이야.

호적에서 내 이름을
정말 팔 수 있을까?

집에서 말 안 들으면

꼭 엄마가 "호적에서 파버린다"고 하잖아.

과연 엄마는 나를 호적에서 파버릴 수 있을까?

먼저 호적이란

가족관계를 포함한 집안의 정보를 나타낸 문서인데,

호적을 파버린다는 건

여기서 내 이름을 없애겠다는 거야.

한마디로, 가족에서 제외해버린다는 거지.

그런데 2008년 1월 1일에 호적제도가 없어졌거든.

호적 대신 가족을 나타낼 수 있는

가족관계증명서, 혼인관계증명서 등

5가지 증명서로 구성된 가족관계등록부로 바뀌었지.

아무튼 호적이라는 것 자체가 사라졌으니

호적을 파버릴 수는 없어.

따라서 호적을 판다는 말은

가족관계등록부에서 내 이름을 빼버린다는 거랑 비슷한 뜻인데,

그러면 가족관계등록부에서 날 뺄 수 있을까?

일단 가족으로 한번 등록된 이상 이름을 빼기는 쉽지 않아.

부모와 자녀가 친자관계가 아닐 경우

가족관계등록부에서 자녀의 이름을 뺄 수 있는데,

'친생자관계부존재확인' 소송을 통해

정말 친자식이 아님을 인정하는 법원의 판결을 받아야 해.

보통 과학적으로 정확한 유전자검사를 통해

친자 불일치를 증명해야 하지.

게다가 국적을 상실했거나 이탈해버려도

가족관계등록부에 국적상실, 국적이탈이라고만 표기될 뿐,

이름이 사라지진 않기 때문에

더더욱 이름을 빼기는 어려워.

결론은 내가 정말 친자식이 아닐 경우를 제외하고는

엄마가 나를 가족관계등록부에서 뺄 수 없다는 거지.

근데 호적에서 파일 수는 없지만

내 등짝이 파일 순 있더라고….

19금 노래의 기준이
도대체 뭘까?

노래 좀 들어보려고 딱 들어갔는데

굳이 성인인증이란 걸 해야만

들을 수 있는 것들이 있잖아.

도대체 19금 노래의 기준은 뭘까?

일단 노래의 성인인증은

청소년이 듣기에 유해한 매체물이

청소년에게 유통되지 않도록 하기 위한 건데,

유해함을 판단하는 기준은 여러 가지가 있어.

청소년보호법에 따라

청소년에게 유해한 약물이나 물건으로 인해

정신적·신체적 건강을 해칠 수 있는 가사가 있으면 안 돼.

노래의 성인인증 여부는
청소년보호위원회와 여성가족부 등이
함께 관여해 심의를 거친 뒤 결정해.
예를 들어 중독이나 내성을 일으켜 인체에 유해한
담배나 술, 마약 등이 나오거나
음란성, 잔인성을 조장하는 완구류,
그리고 음란행위를 조장하는 성 기구 등이 나오면
성인인증을 해야 들을 수 있는 노래가 되기도 해.

그런데 가끔 어떤 노래는
대놓고 술 이야기를 해대는데도
성인인증을 할 필요 없이 들을 수 있기도 하잖아.
사실 만들어지는 모든 음악이
이렇게 청소년이 들어도 되는 음악인지
심의를 거치는 것도 아니고,
술 같은 게 언급이 되었다고 하더라도
그 단어가 나온 음악의 전체적인 맥락을 살펴보고
청소년에게 유해한 가사인지 아닌지를
최종적으로 판단하기 때문에
유해한 단어가 들어갔다고 해서
무조건 성인인증을 하도록 하는 건 아니더라고.

근데 요즘 19금 노래라고 해도
뭔가 좀 약한 것 같긴 해.
이제는 29금도 만들어주면 안 되나….

왜 인터넷 실명제를
하지 않는 걸까?

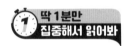

유튜브 영상이나 SNS 댓글을 보면

심각한 악플 때문에 정말 입이 다물어지지 않는데,

왜 인터넷 실명제를 하지 않는 걸까?

이것도 다 법적인 이유가 있더라고.

사실 우리나라는 인터넷이 막 생긴 당시

악플 문제로 인터넷 실명제를 한 적이 있어.

닉네임 뒤에 숨어서 얍삽하게

심한 말을 한다는 것이 이유였지.

근데 이게 5년 정도밖에 되지 않아 폐지되어버렸거든.

실명제를 도입하면서 사이트에 수집된 개인정보가

해킹으로 쉽게 털리기도 했고,

인터넷 댓글과 게시글 수가 급격히 줄면서

표현의 자유가 굉장히 침해되었는데도

악플이 근절되지 않았기 때문에

헌법재판소에서 위헌결정이 나버린 거야.

사실 실명제를 한다고 하더라도

본인인증만 했지 여전히 닉네임을 사용하거든.

애초에 얼굴과 이름을 포함한 정보들을 까고 다니는

페이스북만 봐도 악플이 많은데,

'바보 1분만' 같은 닉네임 뒤에 숨어서

'멍청이 1분만' 같은 악플을 쓰는 건 일도 아닌 거지.

그리고 악플은 명예훼손죄로

'반의사불벌죄'에 속해서

피해자가 원치 않으면 처벌도 안 돼.

그래서 신고하지 않으면 수사조차 안 하거든.

한마디로 유튜브, 나무위키, 페이스북을 돌아다니면서

자기에게 욕을 했던 걸 하나하나 찾아야 하고,

찾았다고 해도 약간의 벌금만으로 마무리되기 쉽지.

애초에 실명제가 없어도

수사하면 IP 추적 등으로

신상을 다 밝혀낼 수 있기도 하고 말이야.

근데 롤 할 때만큼은 우리 엄마를 지키기 위해서라도

주소, 이름, 주민등록번호를 닉네임으로 쓰는

레알 찐 실명제를 도입하자….

전과자가 되면
어떤 일을 겪게 될까?

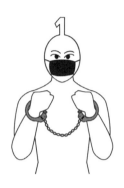

과연 전과자가 되면 어떻게 될까?

먼저 공무원이 되는 건 그냥 불가능에 가까운데,

공무원은 임용 전에 신원조회를 반드시 하거든.

국가공무원법 제33조에도 명시되어 있듯

전과자를 엄격히 거르고 있어.

일반 기업도 쉽지만은 않은 게

사실 일반 기업에서는 면접자, 사원에게

범죄 경력자료를 요청하면 불법이란 말이야.

하지만 전과자를 우회적으로 거르고 있어.

지원 자격에 해외여행 결격사유가 없는 자만

지원할 수 있다고 명시해놓는데,

여권법, 출입국관리법에 따라

전과자나 형사재판 중인 사람 같은 경우는
여권 발급이 거부되거나 해외 출국이 제한될 수 있기 때문이지.

게다가 학원을 설립하거나 학원 선생님을 뽑을 때도
성범죄 경력을 필수적으로 조회해야 해서
범죄자는 취업에서 걸러지고 있어.

그럼 전과자는 결혼할 때 자신이 전과자임을 알려야 할까?
당연히 결혼할 상대방에게 알려야 해.
범죄 경력은 혼인 의사를 결정할 때
아주 중요하게 고려되는 요소이기 때문인데,
결혼 후에라도 전과 사실을 알게 되면
혼인 취소를 청구할 수도 있거든.

다음으로 전과자가 되면 군 면제,
혹은 1년 이상의 집행유예 처벌 등이 내려질 경우
사회복무요원으로 편입될 수 있어.
실제 한 유명 아이돌이었던 사람도
군 복무 중 마약을 즐긴 후
의경에서 사회복무요원으로 간 적이 있었지.

마지막으로 전과자인데 내 외모가 출중하다?
그러면 팬카페가 생길 수 있어.
한 20년 전쯤, 범죄를 저지른 강도를 지명수배했는데
너무 예뻐서 팬카페까지 만들어지기도 했거든.

Just 1 minute

4장

다 과학적인 이유가 있더라고

좀비가 과학적으로
정말 가능할까?

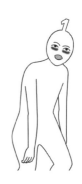

한 번쯤 좀비 사태가 벌어지면 어떡하냐면서

비상식량 사두는 상상, 해본 적 있지?

그런데 좀비가 절대 생길 수 없는 과학적인 이유가 있더라고.

일단 좀비는 시체가 움직이는 형태잖아.

바이러스는 살아 있는 생명체에서 생활이 가능하기 때문에

시체 속에서 바이러스가 계속 살아갈 수는 없어.

뭐 어찌저찌 좀비가 생기는 게 가능하다고 해도

물리자마자 바로 감염되는 건 힘들어.

일정 시간 동안 천천히 감염되겠지.

천천히 전파가 된다면

군대 같은 조직이 빠르게 좀비를 잡아서

폐쇄 병동에 집어넣고
강제로 치료하는 수순을 밟게 될 거야.

그리고 좀비는 먹지도 자지도 않고
항상 다른 사람을 감염시키려고 하루 종일 돌아다니잖아.
아무것도 먹지 않는데
움직이는 에너지를 소비한다면
에너지를 다 써서 움직이지 못하는 순간이 와야 해.
그럼 2~3일만 지나면 힘이 없어서 돌아다니지도 못하고
땅에 붙어만 있겠지.

또 계속 움직이려면 엄청난 에너지가 공급되어야 하는데,
바이러스 따위가 시체를 움직이는
에너지를 공급한다는 건 말도 안 돼.
광합성 같은 소리도 있던데, 그것도 마찬가지지.
옛날에도 시체를 움직여보겠다고
혈관 속에 혈액응고방지제 같은 약물을 넣고
피를 강제로 돌게 만들거나
전기 충격을 줘서 시체를 잠시 움직인 적이 있거든.
이것도 다 외부에서 엄청난 에너지를 준 결과인 거야.

만에 하나 좀비가 나타나도
2~3일만 집에서 잘 지낸다면,
좀비가 죄다 병원으로 끌려 들어가서
치료받고 있단 뉴스를 보게 될걸.

지구온난화라면서
왜 겨울은 더 추워질까?

요즘 환경 파괴니 뭐니 하면서

지구온난화 이야기가 끊이지 않잖아.

맨날 지구가 불에 탄다는데,

왜 겨울은 갈수록 더 추워지는 느낌일까?

알고 보니 이것도 다 과학적인 이유가 있더라고.

북극 근처에는 엄청 빠른 바람이 지나가거든.

이른바 '제트기류'라는 건데,

이 친구가 북극을 빠르게 돌면서

-50℃ 수준의 공기를 잡아두고 있어.

근데 지구온난화 때문에

북극의 온도가 조금씩 뜨거워지면서

북극의 공기를 강력하게 만들어

제트기류를 밀어낼 때가 있거든.

그럼 북극의 제트기류가 출렁거리게 되면서

한 번씩 남쪽으로 심각하게 내려와.

그럼 이 제트기류를 타고

북극의 찬 공기가 말도 안 되게 남쪽까지 내려오는 거지.

같은 겨울이라도 한국 겨울은 북극 겨울에

감히 비벼볼 수 없을 정도로 차이가 나잖아.

그래서 북극 영향으로

한국 겨울이 더 미치도록 추워지는 거야.

근데 전문가들은 이런 현상이 과거에도 있었다고 하거든.

꼭 지구온난화 때문은 아닐 수도 있다는데,

지구온난화 현상 때문에

이런 현상이 자주 일어나는 건 틀림없다고 했어.

우리나라뿐만 아니라

미국에서도 역대급 한파가 몰아치면서

영화 〈투모로우〉를 계속 찍어내고 있지.

우리도 이렇게 난리인데 북극도 나름 난리거든.

역대급으로 따뜻한 기온들이 계속되면서

눈이 안 오는 현상이 생기기도 했다는 거야.

한마디로 지구온난화는

역대급으로 더운 여름과 역대급으로 추운 겨울을

우리에게 선물하고 있는 거지.

사막에 오아시스는
왜 생기는 걸까?

만화나 영화를 보면 사막 한가운데 오아시스가 있잖아.

그 뜨거운 곳 한가운데 어떻게 오아시스가 있는 걸까?

알고 보니 이게 다 과학적인 이유가 있더라고.

일단 사막이라고 다 뜨겁진 않아.

비가 많이 안 오는 지역이 모두 다 사막이기 때문이지.

이런 이유로 극지방도 강수량이 적어서 사막으로 분류되기도 해.

근데 보통 우리가 말하는 사막은 이런 게 아니잖아.

뜨거운 사막을 말하는 거지.

고비사막은 기본적으로 섭씨 45℃를,

다른 사막도 30℃는 우습게 넘겨.

한마디로 엄청 뜨겁다는 거지.

그래서 안 그래도 잘 오지 않는 비가

너무 더운 날씨에 다시 증발해서
하늘로 날아가버릴 정도지.

근데 진짜 신기한 게
사실 오아시스는 비가 모여서 생긴 게 아니야.
비가 안 오는 사막에도 여러 식물이 살잖아.
이런 식물들은 깊은 곳까지 뿌리를 두고
그 속에 있는 지하수를 먹고산단 말이지.
근데 이게 여간 깊은 게 아니라 한 100m는 더 들어가야 있어.
이런 지하수가 가끔가다 땅 위로 솟아오르는데,
그게 바로 오아시스야.
사막에서 오아시스가 희귀한 이유도
이런 수백 미터 속에 있는 지하수가
땅을 뚫고 올라오는 것은 매우 어려운 일이기 때문이지.

근데 이 지하수는 결국 또 비로 이루어지잖아.
한마디로 이런 지하수는 굉장히 오랜 시간에 걸쳐
아주 작은 빗물들이 모인 것이기 때문에,
오아시스의 물을 뽑아서 써버리게 된다면
이 오아시스가 자칫 사라질 수도 있어.

그나저나 딱 보면 오아시스가 생명수처럼 보이잖아.
사실 한참 고여 있는 물이라
벌레랑 세균, 미생물이 엄청 들끓는 거 알아?
잘못 먹으면 죽음이라는 거지.

유리가 액체라는데,
그 이유가 뭘까?

액체와 고체의 차이가 뭘까?

보통 흘러내리면 액체, 모양이 유지되면 고체라고 생각하잖아.

그럼 유리는 당연히 고체겠네?

근데 유리가 액체라고 하던데 진짜 사실일까?

과거엔 초등학교 교과서는 물론이고,

여러 자료에서 유리가 액체로 소개되었어.

과거 성당의 유리를 보면

유리 아랫부분이 두꺼운 걸 예시로 들면서

오랜 시간이 지나 점차 흘러내렸다고 하거든.

하지만 이건 틀린 예시야.

그냥 안정성을 위해 두꺼운 부분을 아래로 향하게 끼운 것뿐이지.

일단 고체라는 것을 조금 전문적으로 말하자면,

입자들이 딱딱 붙어 있어서

자유롭게 못 움직이게 서로를 붙잡아놓은 상태야.

이렇게 입자끼리 서로 못 움직이게 잡아두니깐

고체는 흐물흐물하지 않고, 모양을 딱 갖추고 있는 거지.

그럼 고무 같은 건 누가 봐도 고체인데 왜 흐물거릴까?

고무 같은 친구들은 고체라고 해도 입자가 규칙적이지 않아.

그래도 입자끼리 엄청 가까이 붙어 있어서

액체처럼 흘러내리진 않는데,

결정 같은 게 없어서 일정한 모양을 유지하진 못하지.

이런 걸 바로 '비결정성 고체'라고 불러.

입자가 액체같이 불규칙적으로 배열되어 있어서

액체라는 오해를 받기도 했지만

유리도 사실 비결정성 고체였던 거야.

입자끼리 당기는 힘이 세서

딱딱한 형태를 유지하는 거지.

그래서 유리가 흘러내릴 수도 있긴 한데,

1억 년 동안 티끌만큼 흘러내릴까 말까 한다더라고.

사실 이 정도 흐른다고 해서 유리가 액체면

엿가락도 액체고,

늙어가면서 주름살이 흘러내리는 나도 액체겠네.

한국의 전압 규격은
왜 돼지코일까?

가까운 일본 여행만 준비해도
당장 110V 전압기를 준비해야 되잖아.
일본 외에 다른 여러 나라도
우리나라와 다른 표준전압을 쓰던데,
왜 우리나라는 220V짜리 돼지코를 쓰는 걸까?
알고 보니 우리나라가 돼지코를 쓰는 것도
다 경제적인 이유가 있더라고.

사실 1970년대까지만 해도,
우리나라 전압 규격은 110V였거든.
근데 고도성장기인 1970년대부터
전국적인 전기 사용량이 증가하기 시작한 거야.
그렇게 정전도 잦아지고,

결국 기존의 표준전압인 110V가
사람들의 전기 사용량을 감당하기엔 버거워졌어.

이걸 해결하기 위해서는 전선을 금으로 만들거나
전압을 상승시키는 등의 방법이 있거든.
근데 전선을 죄다 금으로 만들어버릴 순 없으니까
근 30년가량 1조 4천억 원을 투입해서
표준전압 승압 사업을 진행했어.
그렇게 우린 220V가 표준전압이 되었지.
이후 사람들은 전기 제약으로부터 더 자유로워질 수 있었고,
전압을 높이면 전력 손실이 감소하는 장점이 있어서
우리나라는 연간 1,500억 원 이상의
금전적 절약이라는 쾌거를 달성하기도 했어.

참고로 나라마다 표준전압이 달라서
각별히 조심해야 할 게 있어.
콘센트 모양만 대충 맞춰 끼우면 된다고 생각할 수 있지만
110V짜리를 우리나라에서 쓰면
제품이 망가지거나 폭발할 수도 있고,
220V를 110V짜리에 사용하면
전압이 낮다 보니 정상적으로 작동되지 않을 수 있으니까
물건을 사거나 해외로 뭘 들고 갈 때는 조심해야 돼.

근데 피카츄 100만 볼트를 맨날 맞는 로켓단은
도대체 얼마나 튼튼한 거냐….

지구 안에 뭐가 있는지
어떻게 알까?

다들 지구가 여러 층으로 이루어져 있다는 말,

들어본 적 있지?

지구 내부는 내핵, 외핵, 맨틀로 구성된다던데,

지구 안에 뭐가 있는지 어떻게 알아낸 걸까?

먼저 지구 내부를 알아내는 직접적인 방법으로는 시추가 있어.

말 그대로 땅을 그냥 파는 거지.

근데 시추법으로 파봤자,

지구 깊은 곳에 있는 열과 압력을

감당해낼 기계를 만들어내지 못해서

확인하는 데 한계가 있거든.

지구 반지름은 6,400km 가까이 되지만

시추법으로 땅을 팔 수 있는 건

고작 13km 정도의 깊이밖에 안 되거든.
사과로 친다면 껍데기도 못 뚫고 들어간 거지.
이 방법 말고 화산이 터지면
화산 분출물로 성분을 검사하는 방법도 있지만
이게 뭐 자주 터지는 것도 아니고,
지구 깊은 곳의 물질까지 싹 끌어서 나오는 게 아니라
완벽히 뭐가 있는지 알긴 어려워.

그래서 간접적인 방법으로 지진을 많이 이용하는데,
지구 내부에서 지진이 일어나면서 발생하는 진동인
지진파를 가지고 확인하는 거야.
지진 측정기를 지구 여러 곳에 두고
지구 내부를 통과한 지진파들을 분석하지.

근데 지구 내부가 다 똑같은 성질로 이루어져 있다면
이 지진파도 같은 속도로 일정하게 움직여야 하잖아.
하지만 지진을 분석해보니까
어디는 빠르고, 어디는 느리고,
또 어떤 지진파는 갑자기 진동이 전달되지 않고,
멈춰버리거나 굴절되어버리더라는 거야.
그렇게 지구 내부가
일정한 무언가로 이루어진 게 아니라
성질이 다른 여러 층으로 구성되어 있기 때문에
우리는 지진파가 오는 속도가
저마다 다르단 걸 알게 된 거지.

영화에서나 보던 외계인,
현실에 진짜 있을까?

다들 외계인이 있을까 생각해본 적 있지?

알고 보니 외계인이 있을 법한

과학적인 이유가 있더라고.

우리가 관측할 수 있는 우주의 끝만 해도

465억 광년이나 떨어져 있고,

그 너머에도 우주는 무한하게 이어진다고 보고 있지.

한마디로 우주는 끝이 없다는 거야.

밝혀진 바에 따르면,

관측할 수 있는 은하만 최소 2조 개가 있고,

각 은하마다 평균 2천억 개의 별이 있어.

이 별들은 행성들을 거느릴 수도 있지.

별의 개수가 400,000,000,000,000,000,000,000개라고 하잖아.

행성도 셀 수 없을 만큼 많은데
여기에 외계 생명체가 하나도 없다는 건
수학적으로 거의 불가능해.

그럼 한 번쯤은 외계인 흔적이라도 봐야 하는데
보지 못하는 것도 이유가 있어.
우리가 통신할 수 있는 외계인의 수를
'드레이크 방정식'이라는 녀석으로 추측할 수 있거든.
그 은하에 태양 같은 별이 몇 개일지,
그 별에 행성이 있을지,
행성에 생명체가 생길 수 있을지,
거긴 생명체가 살 만한 곳인지,
생명체는 지능을 가질 수 있는지,
지능을 가진 생명체가 하필 과학을 연구할지,
그리고 그 문명이 얼마나 오래 생존할지를
수치화해서 곱하는 건데
우리 은하에만 36개의 문명이 있을 것으로 추정해.
부정적으로 잡으면 우리밖에 없을 수도 있지만
낙관적으로 잡으면 300만 개에 달한다고도 볼 수 있지.
하지만 있다고 해도 걔들은 너무 멀기 때문에
우리에게 신호를 보낸 게 아직 안 왔거나
우리가 관측한 기간이 짧아서 놓쳤을 수도 있어.
아니면 다들 통신 기술을 만들기 전에 멸망해버렸을 수도 있지.

근데 우리 집엔 씻고 거울만 봐도 있던데….

광활한 우주의 끝,
과연 어디일까?

우주가 엄청나게 큰 건 알고 있지?

아무리 크다고 해도 끝은 있을 텐데

과연 우주의 끝은 어디일까?

우주가 계속 팽창한다는 말 들어봤지?

138억 년 전 벌어진 빅뱅 이후 우주는 계속 커지고 있어.

우주도 끝이 있을 건데

그렇다면 우리는 우주의 끝을 볼 수 없는 걸까?

아쉽지만 그건 완전 불가능해.

일단 우주가 태어나자마자 빛이 생겼는데

이때가 무려 138억 년 전이잖아.

이렇게 옛날 빛이 지금도 지구로 오고 있거든.

이게 무슨 말이냐면 이 빛이 138억 광년 거리에 있다는 거야.
빛으로 138억 년이나 날아가야 하는 거리지.

그럼 더 과거의 빛이 없으니
우주는 대충 빛으로 138억 년 날아가면 끝이 보일까?
아쉽게도 그렇진 않아.
우주는 지금 빛보다 더 빨리 팽창하거든.
그래서 138억 년 전에 날아와서 우리에게 도착할 빛도
지금은 사실 138억 광년보다 더 멀리 있는 상황이지.
지금 우리가 볼 수 있는 가장 멀리 있는 곳은
465억 광년 정도 떨어져 있다더라고.

근데 우주의 끝은 지금도 빛보다 빨리 멀어지고 있어서
영원히 볼 수도, 알 수도 없어.
지금 465억 광년을 순간이동해서 밤하늘을 봐도
또 465억 광년 떨어진 우주를 보게 될 거야.
뭐 그리 멀지 않아 보이는데.
이게 얼마나 먼 거리인지 알아?
1광년이 9.5조 킬로미터인데, 여기에 465억을 곱해야 하니
정말 내가 알고 있는 수학 단위를 넘어서는 수준이야.
정말이지 말도 안 되게 우주는 큰 거지.

근데 가끔 이렇게 우주 이야기하다 드는 생각인데,
이렇게 말도 안 되게 넓은 곳에 우리만 있는 것도
조금 소름 돋지 않아?

모니터를 사진 찍으면
왜 무늬가 생길까?

다들 컴퓨터로 보이는 특정 화면을

누구에게 보내려고 사진 찍어본 적 있지?

근데 이걸 막상 찍고 보면

이상한 무늬 같은 게 있어서 빡치잖아.

도대체 이 무늬는 왜 생기는 걸까?

알고 보니 이런 무늬가 생기는 것도

다 과학적인 이유가 있더라고.

일단 모니터는 1초에 수십 장의 사진을 보여줘.

그것도 플립북처럼 한 번에 한 장이 넘어가는 게 아니라

왼쪽부터 오른쪽으로 순서대로 다음 장으로 바뀌는 거야.

근데 이게 1초에 한 장씩 바뀌는 게 아니라

수십 번의 장면 전환을 하는 거야.

근데 여기서 사진을 딱 찍어버리니까
장면을 전환하기 위해 잠시 꺼졌다가 켜진
여러 픽셀이 사진에 담기게 되는 거야.

그리고 모니터는 여러 픽셀이 쭉 직사각형으로 모여 있는 것처럼
휴대폰의 카메라로 찍은 사진도 픽셀이 쭉 모여 있지.
어떻게 보면 이 픽셀들도 자기 나름대로 패턴을 갖고 있는 거잖아.
근데 카메라와 모니터의 패턴이 딱 맞으면 상관이 없는데,
각각 패턴이 달라지면
카메라가 모니터의 패턴을 다 못 담는 현상이 생기면서
간섭이 일어나게 돼.

조금 어렵긴 한데,
집에 파리채로 방충망을 보거나
방충망으로 멀리 있는 전봇대나 전선을 봐도
이런 울렁거림이 일어나지.
한마디로 방충망이나 카메라의 픽셀은 직사각형 패턴이 있으니까
그 사이로 조금 틀어진 다른 직선이나 모양을 보면
일부가 띄엄띄엄 가려져서 제대로 다 보이지 않고
패턴이 딱딱 끊기는데,
그런 딱딱 끊긴 것이 쭉 이어져서 줄무늬를 만드는 거야.
이걸 '모아레 현상'이라고 해.

진짜 설명하기 빡세네.
그냥 다음부터 모니터로 뭐 보낼 땐 캡처해서 보내도록 하자.

자판기는 어떤 이유로
지폐를 뱉어낼까?

자판기에 지폐를 넣을 때마다

꼭 한 번에 안 들어가고

어떻게든 잘 밀어 넣어도 다시 뱉어낼 때가 많잖아.

이거 대체 왜 이러는 걸까?

자판기에 지폐를 넣기 어려운 것도

다 과학적인 이유가 있더라고.

현금 사용이 가능한 모든 자판기에는

광센서와 자기 센서를 이용해서

자판기에 투입된 지폐가 정품인지 위조지폐인지 확인해주는

'지폐 인식기'라는 게 설치되어 있어.

광센서는 지폐의 재질, 인쇄 문양,

잉크의 농도 등을 측정하고

자기 센서는 지폐가 가진 자석 성질인 '자기'를 측정해서
여기서 측정된 모든 데이터들이
정상적인 지폐의 데이터와 일치하는지
비교하는 작업이 이루어져.
만약 데이터가 서로 다를 경우에는 위조지폐로 인식해서
다시 자판기 밖으로 내보내고
데이터가 일치할 경우에는
정상적인 지폐로 인식해서
사용자가 물건을 고를 수 있도록
화면에 금액을 표시하지.

그런데 문제는 지폐가 이동하는 과정에서 발생해.
자판기 안에는 여러 개의 롤러가 있어서
애네들이 회전하면서 지폐를 이동시키거든.
그런데 오래된 자판기일수록
롤러 표면이 닳아 있기 때문에
지폐가 미끄러지는 경우가 많고,
이렇게 되면 센서가 지폐를
제대로 측정하지 못하다 보니
위조지폐로 인식하는 거야.
가끔 멀쩡한 지폐를 넣어도 다시 뱉어내는 게
바로 이런 이유 때문이지.

근데 자판기 사정은 알겠는데…
뱉을 때 좀 살살 뱉어주면 안 되냐?

인공위성 화질이 어떻길래
구석구석 다 보일까?

구글 지도처럼 인공위성이 찍은 사진을 보면

화질이 엄청나게 좋잖아.

과연 인공위성 카메라는 화질이 어떻게 되는 걸까?

먼저 단위 면적당 화소의 개수가 많을수록

사람이 느끼기에 사진이 고화질이라고 느껴.

여기에서 말하는 화소란

사진이 몇 개의 점으로 표현되었는지를 말해주는 거야.

삼성의 어느 휴대폰은

무려 1억 화소가 넘어가는 카메라를 탑재하기도 했어.

그런데 고작 몇 미터 또는 수십 미터 거리에서 찍는

폰 카메라와는 달리

수백에서 수만 킬로미터 떨어진 인공위성에 달린 카메라는
보통 400만 화소 수준이라던데,
그럼 인공위성의 카메라가 폰 카메라보다 더 후지다는 걸까?
사실은 그렇지 않아.

인공위성은 계속 지구를 뱅뱅 돌면서 사진을 찍고,
찍은 사진을 지구로 보내거든.
그런데 인공위성이 지구를 돌면서
지구의 기지국을 지나는 시간이 짧은 거야.
시간은 없는데 데이터는 크면
사진을 모두 지구로 보내기가 어려울 거 아니야.
점이 많이 찍힌 고화소 사진은 용량이 커서
사진을 다 보내기에 적합하지 않으니까
400만 화소라는 적절한 값을 찾은 거지.

참고로 10년도 더 전에 만들어진
갤럭시 S가 500만 화소인 걸 생각하면
400만은 정말 낮은 화소인 걸 알 수 있을 거야.
하지만 화소가 낮은 대신 인공위성의 카메라는
지형 데이터 같은 다른 여러 정보를 함께 지구로 보내는데,
이를 통해 지상에서 전문가들이 사진을 보정하고
훨씬 고화질의 이미지로 표현되는 거지

근데 이렇게라도 해외여행을 가는 나…
왠지 좀 처량한걸….

인구가 늘면
지구 무게도 늘어날까?

전 세계의 인구가 계속 늘어나면서

벌써 50년 전에 비해 2배로 증가했다고 하는데,

그럼 지구도 그만큼 무거워지는 걸까?

일단 결론부터 말하면

온 지구가 사람으로 가득 찬다고 해도

지구 전체의 질량은 변하지 않아.

그 이유는 아주 간단한데,

인간이 번식하고 생존하는 과정에서

지구에 있는 자원을 소비하기 때문이야.

사람의 수가 많아졌으니까

인류 전체의 무게가 늘어난 건 맞지만,

그만큼 지구 안에 있는 자원들은 줄어들었기 때문에

결국 이 모든 걸 계산하면
지구 전체의 질량은 변함이 없는 거지.

그렇다면 지구의 질량은
언제나 한 치의 오차도 없이 그대로인 걸까?
사실 꼭 그렇지만은 않아.
지구 밖에는 우주라는 넓은 공간이 있다 보니까
지구에 있던 물질이 우주로 빠져나가거나
우주에 있던 물질이 지구로 들어오면서
질량이 조금씩 변하기도 하거든.

실제로 매년 약 4만 톤 정도의
먼지와 유성이 지구로 떨어지고 있고,
반대로 지구에서도 매년 9만 5천 톤 이상의
수소나 헬륨 등이 우주로 빠져나가고 있어서
지구의 질량은 1년에 약 5만 톤씩 줄어드는 중이라고 해.

그렇다고 지구가 너무 작아질까봐 걱정할 필요는 전혀 없어.
전문가들의 계산에 따르면
매년 줄어드는 질량은 지구 전체 질량의
0.000000000000001%밖에 안 되기 때문에
거의 변화가 없는 수준이라고 하니까 말이야.

근데 갑자기 궁금하네….
전 세계 사람들이 동시에 점프하면 지진이 일어날까?

기차가 다니는 선로엔 왜 돌멩이가 있을까?

기차가 다니는 선로를 보면
돌멩이들이 잔뜩 깔려 있는 걸
다들 한 번씩은 본 적 있을 텐데,
기찻길에는 왜 돌멩이를 깔아놓는 걸까?
여기에도 다 과학적인 이유가 있더라고.

일단 정확히 말하면 이건 돌멩이가 아니라 자갈인데,
이 자갈들이 하는 일이 생각보다 많아.
기차 레일은 아주 약간만 틀어져도
바퀴가 밖으로 빠져나가 큰 사고로 이어질 수 있거든.
이때 레일 주위에 자갈을 쌓아두면
레일과 자갈이 서로를 고정하는 역할을 해서
레일을 더 확실하게 고정시킬 수 있어.

또 승객들이 타 있는 기차는

거의 1천 톤에 가까운 무게가 나가는데,

이렇게 엄청난 무게를 매일 버텨내다 보면

선로가 조금씩 변형되거나

땅속에 박히게 될 위험이 있단 말이야.

하지만 선로 주위에 자갈을 깔아두면

위에서 가해지는 중량을 분산시켜서

레일이 변형되는 걸 방지해주기도 하지.

게다가 이렇게 중량이 분산되면

기차가 지나갈 때 발생하는

진동이나 소음도 줄어들기 때문에

그만큼 승객들에게도 더 좋은

승차감을 제공한다는 장점도 있어.

여기서 끝이 아니야.

선로 주변에 잡초가 자라나면

기차 운행에 방해가 되기도 하는데,

자갈을 깔아두면 식물이 자라기 어렵다 보니

좀 더 안전하게 운행할 수 있고,

자갈은 배수 효과가 워낙 좋아서

비가 많이 오는 날에도 선로가 침수되지 않게 해주지.

이렇게 유용한 점이 많다 보니 자갈을 깔아두는 건데

나는 왜 저 자갈만 보면 주워다가

맛있는 군고구마 구워 먹고 싶지?

콘센트 구멍은
왜 기울어져 있을까?

벽에 있는 콘센트들을 보면

대부분 45°씩 기울어져 있잖아.

딱 1자로 만들면 보기도 좋을 텐데,

굳이 이렇게 만든 데는 다 과학적인 이유가 있더라고.

일단 모든 전자기기 내부에는 전류가 흐르는데,

가끔 여러 가지 문제로

전자기기 외부에도 전류가 흐를 때가 있어.

이런 전류는 어디로 흘러가지도 못한 채로

기기 외부를 돌아다니는데,

이때 사람이 이 기기를 만지면

전류가 급격하게 흐르면서 감전이 되는 거야.

폰 충전기 정도야 따끔하고 말지만

냉장고처럼 전기 용량이 큰 물체라면 끔찍하잖아.

이런 문제 때문에 안전장치들을 만들어됐는데,

콘센트를 살펴보면 구멍 말고도

금속 핀 2개를 확인할 수가 있거든.

이런 핀은 플러그를 꽂을 때

플러그의 금속과 닿을 수 있게 설계되어 있어.

이렇게 두 금속이 닿으면

기기 외부의 남은 전류가 금속을 통해

외부로 빠져나가게 되면서

남은 전류가 거의 없어지게 돼.

그럼 사람이 만져도 감전 사고가 일어날 일이 없지.

이러한 안전장치를 바로 '접지'라고 하는데,

특히 전기 용량이 큰 기기들은

플러그에 손상이 가서

접지가 안 되는 경우를 방지하지 위해

튼튼하고 두꺼운 ㄱ자 형태로 플러그를 만들거든.

이런 모양이다 보니

콘센트의 방향이 1자면 플러그가 겹쳐서

여러 개를 동시에 꽂을 수 없게 된 거야.

그래서 콘센트의 방향을 45°로 기울여서

많은 플러그를 꽂을 수 있게 한 거지.

근데 이거 때문에 구석에 있는 콘센트엔

한 번에 못 꽂는 거 엄청 킹받지 않아?

시계는 왜 하나같이
오른쪽으로 돌까?

주변에 있는 시계를 보면

전부 하나같이 오른쪽으로 돌아가잖아.

그런데 시계는 왜 하필 왼쪽이 아니라

오른쪽으로만 돌아가는 걸까?

시계의 방향이 하나로 통일된 것도

다 역사적인 이유가 있더라고.

일단 인간이 만든 최초의 시계가

해시계라는 건 다들 알지?

사람들은 종종 해시계를

땅에 막대기만 꽂은 거라고 오해하곤 하는데,

사실 실생활에서 사용 가능한

제대로 된 해시계를 만들기는 꽤 어려워.

해가 어디에 떠 있는지 알려면
동서남북을 정확하게 재야 하고,
해의 이동에 따라 길어지거나 짧아지는
그림자의 세밀한 변화에 따라
눈금도 다르게 그려야 하기 때문에
아주 높은 수준의 천문학 지식이 필요하거든.

그런데 인류의 역사를 살펴보면
이렇게 정밀한 천문학을 발전시켰던 문명들은
전부 해가 동쪽에서 떠서 서쪽으로 지는
지구의 북반구에 자리 잡고 있었단 말이야.
북반구에서는 해시계의 그림자가
항상 오른쪽으로만 회전하다 보니까
이런 모습을 매일 접하던 북반구 사람들은
나중에 기계식 시계를 만들 때도
자연스럽게 해시계의 모양을 본떠서
오른쪽으로 돌아가는 방식을 사용했고,
시간이 흘러 이런 방식이 전 세계로 널리 전파되면서
국제적인 표준으로 자리 잡게 된 거야.

그러니까 만약 인류의 문명이
남반구에서 먼저 발달했더라면
지금 우리는 왼쪽으로 돌아가는 시계를
사용하고 있었을지도 모른다는 거지.

사람들은 ASMR을
대체 왜 듣는 걸까?

요즘 ASMR이 꽤나 인기지.

책 넘기는 소리나 치킨 먹는 소리,

심지어 귀 파는 소리까지

갈수록 다양한 종류의

ASMR을 듣는 사람이 많은데,

이런 소리를 대체 왜 듣는 걸까?

사람들이 ASMR에 빠지게 된 것도

다 과학적인 이유가 있더라고.

먼저 ASMR은 숙면에 큰 도움을 주는데,

우리 몸의 신경에는 교감 신경이라는 게 있고,

잠에 들기 위해서는 이 교감 신경의 활동을 줄여야 해.

그런데 어떤 생각에 너무 집중하다 보면

교감 신경이 활성화되어서
정신이 더 또렷해지게 되는데,
잠들기 어려운 것도 다 이런 이유 때문이지.

이때 ASMR을 듣게 되면
청각적인 자극이 신체를 이완시켜서
떠오르는 생각들에 집중하지 않게 해주는 효과가 있어.
미국 코네티컷대학교의 연구에 따르면
ASMR을 듣는 사람들은
뇌의 각 영역 사이의 연결이 감소해서
휴식 상태에 들어가기 때문에
더 쉽게 잠에 든다는 결과도 있지.

또 ASMR을 들으면
집중력이 향상되는 효과도 있는데,
이건 ASMR이 '백색소음'에 속하기 때문이야.
백색소음은 일정한 주파수의 지속적인 소음을 말하는데,
예를 들면 사람들이 잡담을 나누는 소리나
비가 내리는 소리 등이 있어.
미국 시카고대학교의 연구에서도
ASMR 등의 백색소음이 들릴 때
아무 소리가 없는 상태보다
집중력과 창의력이 향상된다는
결과가 나오기도 했지.

이메일 주소에는
왜 @를 붙일까?

우리가 메일을 보낼 때
'일인분@일분만.com' 같이
메일 주소 가운데
'골뱅이'라고 부르는 특수문자를 붙이잖아.
이건 왜 붙이는 걸까?

너드남의 아버지, 개발자 레이먼드 톰린슨(Raymond Tomlinson)은
이메일 시스템에 불만을 갖고 있었어.
'일분만.com' 서버의 '일인분'에게 이메일을 보내고 싶어서
'일인분일분만.com'으로 메일을 보냈는데,
'분만.com' 서버의 '일인분일'에게도 메일이 보내진 거지.
이메일 주소로 적으면
결국 2개의 주소가 똑같으니 말이야.

그래서 업무 내용부터 사적인 러브레터를 보내는 것까지
다른 사람에게도 메일이 전송되니까
주소를 특정할 만한 의미와 기호가 필요했고,
그러면서도 다른 목적으로는 쓰이지 않을 기호를
톰린슨이 찾다 보니
'at(~에)'을 의미하는 특수문자인 @를 쓰게 된 거야.

근데 이 골뱅이라는 말이
다른 나라에서도 통일해서 쓰는 말은 아니야.
이탈리아나 헝가리 등
다른 나라에서도 달팽이다, 원숭이다 그러면서
골뱅이 비슷하게 생긴 것으로
나라마다 조금씩 다르게 부르고 있어.

참고로 미국에서는 뜻 그대로 '엣'이라고 읽거나
'엣 사인'이라고 읽기 때문에
영어로 메일 주소를 전달할 때는
엣이나 엣 사인이라고 읽어주면 돼.

근데 저렇게 메일을 만든 개발자는
사실 심심풀이로 만든 거라던데….
누구는 심심하다고 이런 것 만들어서
인터넷 명예의 전당에도 오르고 이름도 날리는데,
나는 하루 종일 골뱅이 골뱅이 거렸더니
골뱅이에 소주 한 잔으로 하루를 날리고 싶네.

양치할 때 치약에
물을 묻힐까, 말까?

양치할 때 치약에 물을 묻힐까, 말까?

물이 묻으면 더 부드럽고 거품이 잘 난다면서

물을 묻히는 사람도 있고,

물이 안 묻으면 치약의 강렬함을 잘 느낄 수 있어서

물을 안 묻히는 사람도 있잖아.

과연 뭐가 맞을까?

일단 치약은 연마제, 감미제, 보존제 등

치아 건강을 위한 여러 가지 화학 약품으로 구성되어 있어.

그중에서도 '연마제'는

치아의 세균과 치석을 제거해주면서 광택을 내주는데,

물에 희석되면 제대로 작용을 못 하게 돼.

치약의 중요 성분 중

충치를 예방하는 '불소'라는 성분도
물에 닿으면 희석이 되어서 제 기능을 못 하지.
연마제, 불소 외에도 물이 여러 치약 화학 성분들의
기능을 약하게 하고 잃어버리게 하면서
물을 묻히지 않은 치약을 사용했을 때보다
치약의 효율을 떨어뜨리게 된다고 해.
결론은 제대로 된 양치를 위해
치약에 물 묻혀서 쓰지 말라는 거지.

추가로 양치할 때 알아두면 좋은 것들이 있어.
양치하고 좀 더 개운함을 느끼고 싶어서
많은 사람이 양치 후 가글을 하는데
이렇게 하면 치아의 변색이 일어나기 쉽고,
탄산음료나 커피 같은 산성을 띠는 음료를 마신 직후
바로 양치를 하면 치아의 부식이 일어나게 돼.
또 3분을 넘기면서 양치를 진행하다 보면
치아 표면을 닳게 만들기 때문에 주의하는 게 좋아.

그리고 한국치위생학회지에 따르면
양치 후 50℃ 정도의 따뜻한 물에
입을 헹궈주는 게 좋대.
너무 차갑거나 미지근하면
치약의 성분이 입속에 남아 있어서
입냄새를 유발할 수도 있거든.
근데 이거 몇 번 헹궈야 하지?

공중화장실 비누를 써도
위생상 괜찮을까?

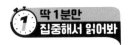

공중화장실의 고체 비누를 보면

비누에 때도 좀 껴 있는 것 같고,

썩은 것 아닌가 싶은 비주얼이라

이걸로 손 닦으면 오히려 내 손이 더러워질 것 같기도 하잖아.

공중화장실 비누를 써도 위생상 괜찮을까?

일단 공중화장실 비누처럼

많은 사람이 한 비누를 사용하다 보면

손에 있던 세균이 비누에 옮겨갈 수는 있는데,

비누의 특성상 세균이 옮겨와도

세균보다 비누의 pH 농도가 높아서

세균이 살기 어려운 환경이라

내가 손 닦을 때까지 세균이 남아 있을 가능성이 크지 않아.

세균이 남아 있는 비누를 쓴다고 해도
비누칠을 잘 해서 깨끗하게 헹궈주기만 하면
세균이 우리 손에 남아 있지 않아.

실제로 식품의약품안전처의 한 미생물과 연구관도
비누의 성분인 계면활성제는
우리 몸에 있는 것을 떨어내는 역할을 하는 거라,
비누칠을 하면
비누에 세균이 있다고 해도 물과 함께 씻겨나가지,
우리 몸에 세균이 붙어 있다고 보기는
상식적으로 어렵다고 말했어.
결론은 공중화장실에 더러워 보이는 비누로 손을 닦아도
다른 비누들처럼 손을 깨끗하게 씻어낼 수 있다는 거야.

근데 문제가 하나 있어.
이렇게 비누로 손 열심히 박박 닦고,
옆에 있는 핸드 드라이어로 손을 말리잖아.
그러면 핸드 드라이어를 통해
손에 다시 세균이 붙기도 쉽고,
아니면 내 손에 남아 있는 세균을
오히려 더 확산시킬 수도 있다더라고.
그래서 종이 타월을 이용해서 물기를 제거해주는 게 좋대.

근데 이거 알려줘도
어차피 비누로 손 안 닦을 거 아니야?

비가 오는 날엔
왜 특유의 냄새가 날까?

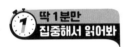

비가 오는 날만 되면

흙냄새인지 풀냄새인지

아무튼 평소에는 맡을 수 없는 포근~한

자연의 향 같은 게 나지 않아?

왜 하필 비가 오는 날만 이런 냄새가 나는 걸까?

이것도 다 과학적인 이유가 있더라고.

비 냄새의 원인을 궁금해하던

호주연방과학원의 연구원 이사벨 베어와 리처드 토마스는

1964년 국제 과학 학술지에

비 냄새가 사실은 특정 화합물의 냄새라는 것을 밝혀냈고,

'페트리코'라는 이름까지 지어줬어.

동물이나 식물 같은 유기물이 죽게 되면
흙이나 바위 사이로 묻히게 되는데,
그 후에 이 동식물들이 부패하는 과정 중
미생물 집단인 방선균류가
이 죽은 유기물을 분해해서
다른 동식물들이 쓸 영양분을 만들거든.
근데 이 분해 과정에서 '지오스민'이라는 물질이 만들어지고,
이게 우리가 흔히 비 냄새라고 알고 있는
페트리코의 원인이 된다는 거야.
결국 비 냄새는 동식물이 부패되는 과정에서 나온 냄새라는 거지.
이렇게 생각하니 좀 끔찍하지?

그런데 이 냄새는 왜 하필 비가 올 때만 날까?
미국 매사추세츠공과대학교(MIT)의 정영수 박사와 켈런 뷰이 교수가
2015년에 그 이유를 밝혀냈는데,
비가 오는 날엔
빗방울이 땅에 떨어지면서
'에어로졸'이라는 입자가 생기고,
이 에어로졸이 지오스민을 흡수하면서
바닥에 있던 지오스민을 공기 중으로 퍼트리기 때문이야.
결국 지오스민이라는 물질이
포근한 비 냄새의 원인이라는 거지.

근데 솔직히 나는 이 자연의 냄새보다
파전 냄새가 더 나는 것 같아.

냉장고 문을 열면
전기세가 많이 나올까?

 **딱 1분만
집중해서 읽어봐**

출출할 때 냉장고 열어서 먹을 거 없나 보고 있으면
전기세 많이 나온다고 엄마한테 혼나잖아.
정말 냉장고 문을 열어놓으면 전기세가 많이 나올까?

일단 결론부터 말하면
냉장고 문이 열려 있을 때
문이 닫혀 있을 때보다 요금이 많이 나오는 건 맞아.
냉장고 안에는 '냉매'라는 액체가 들어 있는데,
냉매는 액체에서 기체로 변할 때
온도가 내려간다는 특징이 있거든.
그래서 냉장고는 액체 냉매를 기체로 만들어 순환시키면서
냉장고 전체를 시원하게 유지하는 거야.

그런데 이때 문을 열면

안에 있던 찬 공기는 밖으로 나오고,

밖에 있던 따뜻한 공기는 안으로 들어가서

냉장고 내부의 온도가 올라가는데,

이걸 다시 차갑게 하려면

더 많은 냉매를 순환시켜야 하니까

당연히 전기도 더 많이 사용할 수밖에 없는 거지.

전문가들의 말에 따르면

냉장고 문을 5초 열었을 때

다시 원래 온도로 낮추려면 30분 정도가 걸리고,

전력은 0.35% 정도 더 많이 사용된다고 해.

한마디로 전기 비용이 만 원이라면 35원이 추가된다는 건데,

큰돈은 아니지만 계속 쌓이다 보면

요금이 꽤 많이 나올 수도 있으니까

되도록이면 냉장고 문을 빨리 닫는 게 좋지.

그럼 문을 하루 종일 열어놓으면

전기세 폭탄 맞는 거냐고?

장시간 문이 열려 있을 경우,

냉매를 순환시키는 장치가 아예 작동을 멈추기 때문에

그때는 전기 요금이 아니라

안에 있는 음식들을 걱정해야 해.

해외 바다의 색깔은
왜 이렇게 예쁠까?

해외 바다 사진을 보면
맑고 투명한 에메랄드빛을 띠는 게 너무 영롱하잖아.
해외 바다 색깔은 왜 이렇게 예쁜 걸까?
이것도 다 환경적인 이유가 있더라고.

보통 휴양지에서 볼 수 있는 에메랄드빛 녹색 바다는
수온이 높은 경우가 많거든.
그래서 그만큼 산호가 많이 있는데
산호가 많이 살다 보니
식물성 플랑크톤도 많이 살게 되었고,
이 플랑크톤에 들어 있는
'클로로필'이라는 녹색 색소 때문에
바다 색깔이 에메랄드빛 녹색이 된 거야.

또 산호에서 나온 석회질 성분이 바다에 녹아 있는 것도
에메랄드색으로 보이는 데 일조했지.
참고로 우리나라 경기도 포천에도
비둘기낭 폭포라고 에메랄드빛을 띠는 폭포가 있는데,
우리나라에서는 흔치 않게
석회 성분이 많은 물이 흐르기 때문이라고 해.

이 외에도 세계 각지에는 분홍빛, 보랏빛이 도는 해안가나
자칫하면 눈갱당할 정도로
하얀 모래로 뒤덮인 백사장도 있는데,
바다 주변에 사는 조개껍데기나 산호가 붉은빛을 띠고
이게 잘게 부서져 모래가 되다 보니
분홍색 해안가가 만들어졌어.
보라색 해안가나 흰색 모래로 뒤덮인 백사장도
주변 환경과 암석의 영향을 받아서 그런 거더라고.

사실 실제 바닷물을 떠서 컵에 담아보면 알겠지만
바닷물은 그냥 물처럼 투명한데,
이 바다에 서식하는 생물이나
바닷가에 있는 침전물 같은 것 때문에
바다마다 알록달록한 색감이 있어 보이는 거야.

근데 그렇게 예쁘고 맑은 바다에서 쉬하면
티는 좀 나겠네.

우리는 자는 동안
왜 꿈을 꿀까?

꿈이라는 건 참 신기해.

현실이 아닌데도 현실처럼 느껴지고,

막상 깨어나보면 기억도 잘 안 나잖아.

왜 꿈을 꾸는 걸까?

여기에도 과학적인 이유가 있더라고.

사람이 잠에 들면 의식이 희미해지면서

뇌의 활동량이 75% 정도로 줄어들어.

그런데 90분 정도가 지나면

뇌가 다시 활발하게 움직이는 상태가 나타나는데,

이걸 '렘수면 상태'라고 해.

이 상태가 되면 중추신경계에서

아세틸콜린이라는 호르몬을 분비해서

깨어 있는 동안 저장했던 기억들을
시각적으로 되살아나게 만드는데,
우리는 바로 이 과정을 꿈으로 인식하는 거지.

근데 이 호르몬이 진짜 고마운 게,
우리가 꿈을 꾸게 해주는 동시에
감각을 느끼게 하는 뇌의 회로를 끊어서
꿈속에서 고통이나 배고픔 등의 감각을 느낄 수 없게 만들기도 해.
만약 우리가 꿈속에서 다쳤는데
그 고통을 생생히 느껴야 한다면…
생각만 해도 끔찍하지?

그리고 꿈 내용이 기억나지 않는 이유는
꿈의 80%는 렘수면 상태에서 꾸기 때문인데,
잠에서 깰 당시에 렘수면 상태가 아니었다면
꿈을 꾸지 않은 것처럼 느끼게 되는 거야.
나도 이걸 직접 실험해보려고 좀 전까지 자다가 일어났는데,
렘수면 상태가 아니었던 건지 꿈 내용이 기억이 안 나더라고.

그래서 일단 우리 집 정원을 지나 식당으로 간 다음(대저택 느낌)
5성 호텔급 요리사가 해준 브런치를 먹으면서
꿈 내용을 기억해내려고 애쓰고 있는데,
옆에서 가정부 한 명이 날 부르더라고.
"아씨~"
"아씨? 아 씨… 꿈이네."

가끔 귀에서 삐 소리가 들리는 이유는?

귀에서 삐~ 하는 소리 들어본 적 있어?
어디선가 자꾸 이런 거슬리는 소리가 들려오는 데도
다 과학적인 이유가 있더라고.

우리는 소리를 들을 때
귀가 외부의 소리에서 자극을 받고,
뇌로 신호를 보내서 소리를 인지해.
하지만 심한 스트레스를 받아서
귀 내부나 뇌로 신호가 전달되는 신경계 등에
문제가 발생하게 되면
실제로 발생하지 않은 소리를 듣는 경우가 생기는 거야.
이걸 의학적 용어로 '이명'이라고 하지.

평소에 시끄러운 음악을 즐겨 듣거나
소음이 심한 환경에서 일하는 사람들은
귀의 깊숙한 곳에 있는 내이가 손상되거나
나이가 들면서 노화되어 이명을 듣기도 하는데,
이런 경우 삐~ 같은 소리나
벌레 우는 소리, 기계 소리, 휘파람 소리 등
여러 종류의 소리를 듣게 돼.

또 다른 이유로는 교통사고나 큰 충격을 받았을 때
귀에 순간적으로 엄청난 충격이 발생하게 되면
그 충격으로 꽤 긴 시간 동안 귀에서 이명이 들리거든.
그래서 영화나 드라마에서 폭발이 일어날 때
강력한 이명이 들리는 것처럼 묘사하기도 하지.

엄청 작은 소리를 잘 듣는 이명도 있는데,
이를 '근육성 이명'이라고 해.
귀에 있는 매우 작은 근육들에서 발생하는 근육 경련이나
스트레스, 종양, 혈관 꼬임 등으로 이명을 듣는 거야.

한마디로 이명은 건강이 좋지 못한 사람들이
듣는 경우가 많다는 거지.
이명이라도 들릴 때 스트레스랑 건강 관리 잘해.
안 그러면 이명으로 나는 삐 소리가 아니라
다른 삐 소리를 들을지도 모르니까.

차가운 걸 먹으면
머리가 왜 띵해질까?

아이스크림이 먹고 싶어서 왕창 베어 물면

갑자기 머리가 깨질 것 같잖아.

입이 아픈 것도 아니고, 왜 머리가 아픈 걸까?

알고 보니 이것도 다 과학적인 이유가 있더라고.

일단 이 증상은 '브레인 프리즈(Brain freeze)'라고 불러.

한마디로 뇌가 어는 것 같다는 거지.

우리 몸은 통상 36.5℃를 유지하고 있는데,

온도가 갑자기 차가워지거나 뜨거워지면

신체기관에 많은 문제가 생길 수 있어.

특히 가장 중요한 뇌라면 더욱더 각별하게 주의해야겠지.

그래서 뇌랑 굉장히 가까운 입에

갑자기 차가운 무언가가 들어가게 된다면

우리 몸은 뇌를 보호하기 위해서 뇌로 따뜻한 피를 엄청나게 보내.
입이 어떻게 되든 말든 일단 뇌를 보호하자는 거지.
그렇게 되면 갑자기 머리 쪽의 혈관에 굉장히 많은 피가 공급되면서
머리 쪽에 있는 혈관이 팽창하게 돼.
그럼 당연히 머리가 아프겠지?
그래서 아이스크림같이 차가운 걸 먹을 때
두통이 온다고 하는 거야.

이런 이유로 브레인 프리즈를 '아이스크림 두통'이라고도 해.
굳이 아이스크림을 먹지 않더라도
갑자기 엄청 차가운 바깥 공기에 머리가 노출되거나
엄청 찬 물로 머리를 감으면 똑같이 두통이 발생되거든.
이것도 똑같은 원리지.

근데 이렇게 머리가 갑자기 아파도
시간이 조금 지나면 낫잖아.
차가운 무언가가 사라지고 나면
머리로 몰린 피가 몸으로 돌아가면서
혈관이 원래대로 돌아와서 그래.

만약 아이스크림 두통을 느끼지 않으려면
천천히 먹거나, 먹은 뒤 따뜻한 물을 마시면 되지.

근데 웃긴 게 사람만 그런 줄 알았는데
고양이도 그러더라.

동물들은 왜
쓰담쓰담을 좋아할까?

동물들은 쓰다듬어주다가 멈추면

계속해달라고 신호를 주던데, 왜 그러는 걸까?

알고 보니 동물이 쓰담쓰담을 좋아하는 것도

다 과학적인 이유가 있더라고.

보통 쓰다듬는 걸 좋아하는 건 포유류거든.

과거 신경생물학자들은

포유류가 쓰다듬어주는 걸 좋아하는 이유에 대해 연구했어.

먼저 실험용 쥐를 대상으로 척추를 따라 작은 구멍을 내놓고

자극에 따라 신경세포인 뉴런이 활성화될 때

현미경으로 감지할 수 있는 실험을 했는데,

이때 꼬집고 찌르는 자극에서 나타난

일반적인 신경 반응과는 다르게
붓으로 쓰다듬어 봤을 땐
세포가 밝아지면서 다른 반응을 보이는 거야.
바로 'MrgprB4+'라는 뉴런이지.

연구진들은 이 뉴런을 활성화하는 화학 물질을 합성해서
다른 쥐에게 투여해봤거든.
그랬더니 이 화학 물질을 투여받은 쥐가
투여받지 않은 쥐에 비해 스트레스가 적은 것으로 관찰되었어.

그리고 쓰다듬어주는 우리의 손길이 동물들에겐
어렸을 때 부모에게 그루밍받았던 걸 떠올리게 하거든.
이때 옥시토신이 분비되어서
따듯함과 신뢰감을 느끼고, 불안이 줄어들지.
한마디로 쓰담쓰담으로 스트레스는 감소되고,
편안함까지 느끼니까 좋아하는 거야.

사람도 비슷한 심리로
웅크리고 자는 걸 좋아하는 사람들이 있잖아.
이건 배 속의 태아처럼 자세를 취하고 자면
편안하고 보호받는 느낌을 받게 되어서 그래.

어쩌면 내가 엄마 말을 안 들어서 등짝 스매싱을 유발하는 것도
어릴 때부터 맞아온 엄마의 손길을
그루밍으로 생각해서 그런 걸지도 몰라.

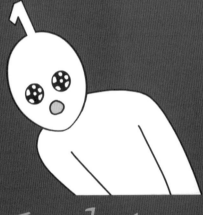

Just 1 minute

5장

인체의 신비,
궁금하지 않아?

입속 어딘가에
헛바늘은 왜 생기는 걸까?

배고파서 뭘 좀 먹으려고 하는데

입속 어딘가에서 찌릿함을 느껴본 기억, 다들 있을 거야.

우리는 이걸 '헛바늘이 났다'고 하는데

도대체 헛바늘은 왜 나는 걸까?

이게 생기는 것도 여러 가지 이유가 있더라고.

'헛바늘'이란 혀에 나는 염증, 궤양 같은 걸 말하는데

우리가 스트레스를 받으면

이런 헛바늘이 생길 수 있어.

스트레스를 받으면 혈관의 수축으로 인해

입속의 침 분비가 줄어드는데,

침에는 라이소자임, 락토페린, 페르옥시다아제 같은

항생 물질이 들어 있어서

입 밖에서 들어오는 균으로부터

우리의 구강을 보호해주는 역할을 하거든.

근데 침 분비가 줄어들면

이런 항생 물질도 적어지니까

균으로부터 공격받기가 쉬워져서

혓바늘이 더 잘 생기는 거야.

다음으로는 영양 부족이 이유가 될 수 있어.

우리의 구강은

끊임없이 외부로부터 자극을 받기 때문에

계속해서 손상되고 그걸 또 복구하는데,

우리 몸에 영양이 부족하면

복구하기 위한 재료를 만드는 게 어려워서

혓바늘이 생기기 쉬워.

또 너무 짜거나 매운, 자극적인 음식을 먹으면

혀에 무리를 줘서 혓바늘이 생길 수 있으니 주의해야 해.

근데 혓바늘은 면역력만 잘 키우면 예방할 수 있어.

항상 건강한 정신을 유지하고

영양소가 풍부한 음식을 골고루 섭취해야 해.

특히 비타민 A와 C의 섭취가 중요하지.

그리고 무엇보다 최악의 고통을 막기 위해서는

혓바늘을 씹어버리지 않도록 주의하는 게 좋을 거야.

갑자기 몸살은
왜 나는 걸까?

이유 없이 피곤하고 으슬으슬 춥고

온몸이 구석구석 쑤실 때

우리는 흔히 몸살이 났다고 하는데,

대체 몸살은 왜 나는 걸까?

여기에도 다 과학적인 이유가 있더라고.

사람들은 평소에 호흡을 하면서

종종 공기 중에 있는 세균이나

감기 바이러스를 들이마시기도 하는데,

우리 몸은 바이러스가 들어오면

얘네들이 질병으로 번지지 않도록

염증 물질을 분비하거든.

그러면 몸 밖에서는 열이 나거나

피곤함을 느끼는 등의 다양한 증상들이 나타나게 되고,
이러한 증상을 우리는 '몸살'이라고 부르는 거야.
코로나19 바이러스 감염 증상 중에
몸살이 있었던 것도 같은 이유지.

또 방학이라고 밤새워서 게임만 하거나
며칠 동안 장거리 여행을 다녀온 사람들이
몸살에 걸리는 경우도 있는데,
평소에는 하지 않던 무리한 행동을 하면
신체 리듬이 깨지고 면역 기능이 약해지기 때문이야.

이 외에도 몸살이 나는 원인은 아주 다양한데,
위험한 면역 질환이나 악성 종양의
초기 증상일 수도 있기 때문에
아무리 가벼운 몸살이라도 가볍게 생각해서는 안 돼.
만약 몸살이 났는데
고통이 별로 심하지 않아서 그냥 견딜 만하더라도
결핵이나 몇몇 암 등은 별다른 증상 없이
가벼운 발열만 지속되는 경우도 있으니까
열이 오래 지속된다 싶으면
꼭 병원에 가서 진찰을 받는 게 좋아.

근데 나는 1년 내내 몸살인 것 같아.
동영상을 편집하다 보면
항상 몸이 살려달라고 외치는 소리가 들리거든.

사진빨 안 받는 이유,
도대체 뭘까?

오늘따라 멋진 내 얼굴을 박제하고자

셀카 몇 장을 찍고 나면

거울로 본 모습보다 훨씬 못생겨서

충격의 도가니에서 헤어나올 수가 없잖아.

대체 사진빨은 왜 이렇게 안 받는 걸까?

사진빨이 안 받는 것도 다 과학적인 이유가 있더라고.

먼저 카메라의 특성상 앞에 있는 렌즈를 통과하면서

'굴곡 현상'이 생길 수밖에 없거든.

그래서 우리 얼굴을 찍으면

어디는 더 커 보이고 또 어디는 더 작아 보이게 되지.

한마디로 내 얼굴이 그대로 나타나는 게 아니라

조금씩 어디가 찌그러지고 펴진다는 거야.

뭐 가끔 사진빨 잘 받는 얼굴이라고
오히려 카메라 왜곡 현상 덕분에 얼굴이 예쁘게 변해서
사진이 실제보다 잘 나오는 경우도 있지.

아무튼 이런 왜곡 현상을 최대한 없애기 위해
많은 카메라 개발자들이
코피 터트려가며 밤낮으로 고생하고 계시지만
특히 휴대폰 카메라의 경우
두께와 면적 등의 한계로 고통받고 있다더라고.

참고로 광대가 크거나 얼굴의 특정 부위가
조금 더 입체적으로 생겼다면
카메라의 영향을 더 받아서 그 부분이 부각되기도 해.
심지어 사진은 실제로 보는 모습보다
눈과 피부의 경계가 옅거든.
그래서 쌍꺼풀이 있는 경우
사진에서 눈이 엄청 또렷해 보이지만,
무쌍은 실제보다 답답해 보이는 느낌을 줄 수 있다고 하니
이런 카메라의 특징을 잘 이해하고
왜 이렇게 사진빨이 안 받냐면서
내 얼굴에 의심을 갖지 말도록 하자.

근데 이런 특징들에 다 해당이 안 되는데도
사진이 안 나오는 사람이 있다면
그건 카메라 탓이 아니지 않을까?

인간의 뇌는
칼로리를 얼마나 쓸까?

공부나 머리 쓰는 일을 하다 보면
몸에 기운이 빠지고 단 게 많이 땡기잖아.
생각만 해도 칼로리가 소모된다는데,
공부로 다이어트를 할 수도 있을까?
이게 되는 데도 다 과학적인 이유가 있더라고.

세상이 흘러가는 시간만 느끼며
지구의 산소와 식량자원을 축내고 늘어져 있을 때도
우리의 뇌는 끊임없이 칼로리를 소모하고 있어.
심장이 뛰거나 장기가 움직이는 등
살아 있기 위한 활동을 통제하기 위해
뇌는 신경세포들을 통해 자극을 주고받아.
그래서 뇌는 우리가 하루 동안 소비하는 칼로리의

25%나 무려 잡아먹지.

근데 여기서 뇌를 풀가동하는 일을 수행하면

1분에 1.5kcal가 더 소모되거든.

이론상 3시간 정도만 빡집중하면

밥 한 공기가 날아가는 거야.

그럼 3시간을 빡세게 공부만 해도

밥 한 공기가 삭제되는 건데

사실 그렇게 살이 빠지진 않잖아.

그건 우리가 그렇게 오래 집중하기 힘들기 때문이야.

빡집중을 해도 그 집중력은

시간이 조금만 지나도 느슨해지기 때문이지.

물론 칼로리 소모가 있긴 하겠지만

극적인 효과는 없다는 거야.

그리고 뇌는 특히 포도당의 공급이 있어야 하는데

그렇게 계속 뇌를 쓰게 된다면

부족한 칼로리를 당 섭취로 충족하고 싶어져.

그래서 공부 전후로

당을 잘 보충해주면 머리가 더 잘 굴러가지.

운동이 백만 배 낫겠지만

그래도 정 공부로 살을 빼겠다면

당 보충을 버리고 뭐라도 공부하려고 발악을 해봐.

하루에 3~4공기 정도는 빠질 테니까.

근데 이러면 살은 빠지는데 집중이 안 돼

성적은 더 빠질걸.

쌍둥이인 경우에
Face ID가 열릴까?

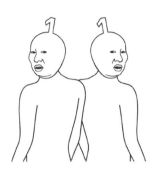

휴대폰 잠금으로는 얼굴만 갖다 대면

뚝딱 열리는 '페이스 아이디(Face ID)'만 한 게 없잖아.

그럼 얼굴이 거의 똑같이 생긴 일란성 쌍둥이는

서로의 페이스 아이디 잠금을 풀 수 있을까?

결론부터 말하자면 이런 경우는 잠금이 풀리기도 해.

페이스 아이디는

수천 개의 보이지 않는 점들을 투사하고 분석하며

얼굴의 입체적인 구조를 정밀하게 분석한 값으로

얼굴을 갖다 댈 때마다

그 데이터와 비교해서 일치하면 열어주는 원리거든.

근데 얼굴의 구조가 거의 똑같이 생긴

일란성 쌍둥이 같은 경우는

이게 열릴 확률이 엄청나게 높을 수밖에 없는 거지.
쌍둥이 말고도 얼굴 구조 자체가 많이 닮은
남매나 자매, 형제들도 종종 열리거든.
애플 공식 사이트에서도
사용자와 얼굴이 닮은 가족의 경우는
다른 사람에 비해 더 잘 먹힐 수 있다고 명시되어 있어.

근데 갑자기 수염을 확 길러버려도 열리고
아니면 화장으로 얼굴이 확 변해버려서
완전 딴사람같이 된 것 같아도 휴대폰이 열려서
이게 진짜 신빙성이 있나 싶을 수도 있을 텐데,
페이스 아이디는 이런 변화에도
다 적응하도록 설계되어 있다고 하더라고.

그럼 내가 자고 있을 때
누가 페이스 아이디를 열 수 있을까?
먼저 페이스 아이디 자체가
'주시 지각 기능'이 갖춰져 있기 때문에
내가 잘 때처럼 눈에 초점이 없을 땐
누가 내 눈을 일부러 까서 얼굴에 갖다 대도
인식이 안 되니까 잘 때도 안심하고 자면 돼.

근데 난 페이스 아이디가 진짜 다 좋은데
고민 중이던 무언가가 갑자기 결제되었을 때가
제일 당황스럽긴 해.

키 커지는 수술을 하면
얼마나 커질까?

현대 의학 기술의 발전으로

키가 지금보다 더 커지고 싶으면

수술을 통해 더 커질 수 있게 되었잖아.

과연 키 크는 수술을 받으면

키가 얼마나 더 클 수 있을까?

먼저 키가 크는 수술은 잘 있던 다리의

종아리나 허벅지 뼈를 부러뜨리면서 시작하는데,

뼈가 부러지면 그 자리에 새로운 뼈가

다시 자라나는 원리를 이용하는 거야.

일부러 부러뜨린 자리에 틈을 벌려놓고

그 사이로 뼈가 자라날 수 있게 고정을 해놓는 거지.

보통은 5cm 언저리 정도로 키를 늘릴 수 있어.

뭐 종아리랑 허벅지 뼈를 둘 다 부러뜨리고 늘린다면
10cm 이상도 늘릴 수 있다고는 하지만,
키 크는 수술 자체가 다른 건 다 그대론데
다리 길이만 늘어나는 거잖아.
그래서 이렇게 다리만 잔뜩 늘리면
몸의 비율이 이상해질 수 있기 때문에
너무 많이 늘리는 건 문제가 될 수도 있다더라고.

아무튼 이렇게 뼈를 부러뜨리고 나면
반년 이상의 회복 기간을 가지는 경우가 많은데,
회복 중엔 어떤 장치를 사용하는 기간도 있고
제대로 걸어 다니기도 어렵기 때문에
사회생활은 물론 일상생활도 엄청나게 어렵고,
또 뼈를 늘리면서 근처에 있던 근육이나 다른 조직들도
같이 자라야 하기 때문에
상당히 오랜 시간 고통스럽다고 해.

그럼 이런 회복 기간까지 거치고 나면
완벽한 일상으로 돌아올 수 있을까?
뭐 영영 뛰어다닐 수 없다는 등
무서운 소문들이 퍼져 있지만
잘만 회복하면 대부분의 일상생활이 가능하다고 해.

근데 180cm 넘는 사람도 이거 하러 간다던데
이거야말로 기만 아니냐!

맨몸으로 우주에 나가면
어떻게 될까?

만약 우주에서 우주복을 입지 않거나

우주복이 터지면 어떻게 될까?

일단 우리가 살고 있는 지구는

20℃에 1기압 정도거든.

근데 우주는 -270℃로 매우 차갑고 기압은 0인 진공 상태야.

그럼 얼어 죽게 될까?

다행히도 우주는 진공이라 아무것도 없어서

열을 전달할 친구도 없다 보니

우리 몸이 순식간에 차가워지진 않아.

얼어 죽진 않는다는 거지.

그럼 진공이라 기압이 낮아 터져 죽을까?

1기압이란 건 거의 코끼리가 올라가 있는 것과 같은 힘이야.

한마디로 지구에 있는 우리는

밖에서 공기가 코끼리의 무게만큼 우리를 누르고

우리 몸 역시 그 코끼리의 무게만큼 공기를 밀어내고 있어.

그런데 이렇게 눌러주는 공기가 없다면

우린 우주에선 터져 죽을 것 같지만,

의외로 우리 몸은 생각보다 튼튼해서

압력으로 몸이 조금 부풀 수는 있어도

터져 죽거나 그러진 않거든.

1991년 우주 비행사 제이 앱트가 우주에서 장갑에 구멍이 났는데

약 6시간 동안 구멍이 난 줄도 몰랐을 만큼

손이 얼거나 터지지 않았지.

아무튼 터져 죽지도 않는다는 거야.

근데 우주복이 없으면 우리 몸에 있는 산소가

폐를 통해 밖으로 나가게 되면서

몸을 돌고 있는 피 안에도 산소가 점점 줄어들게 되고,

15초 정도 후에 뇌에 산소 공급이 멈추면서 뇌 손상이 일어나.

그리고 급격하게 질식사해버리지.

결국 우주에선 숨을 못 쉬어서 죽어버리게 돼.

이때 숨을 참으려고 노력하면 할수록

폐가 부풀어 심각한 영구 손상이 생긴다니까

절대 숨은 참으면 안 돼.

그러니까 다들 나중에 환갑잔치 하고 우주 여행할 때

이 내용을 꼭 참고해야 해!

샤워는 아침에 해야 할까,
저녁에 해야 할까?

인류 최대의 난제 중 하나는

바로 아침에 샤워하냐 밤에 샤워하냐잖아.

과연 샤워는 언제 하는 게 좋은 걸까?

언제가 좋다는 정답은 없고 상황에 맞춰서 선택하는 게 좋아.

먼저 밤 샤워를 해야 하는 사람에 대해 말해줄게.

일단 잠을 잘 못 자면 밤 샤워가 좋은데

미국의 수면 의학회의 한 교수에 따르면

샤워 후 몸을 빨리 냉각시키는 게

자연적으로 수면 유도 역할을 한다고 했어.

게다가 밤 샤워는

스트레스 관련 호르몬인 '코르티솔'을 감소시키기까지 해서

숙면에 더 도움이 돼.

탈모가 걱정된다 싶을 때도 밤 샤워가 좋아.
아침에 머리 감으면
두피의 유분이 씻겨나가서 자외선에 더 잘 노출될 거 아니야.
유분도 없는 무방비 상태로 자외선을 맞고 다니면
머리가 잘 빠지게 되니까
밤에 머리를 감고 탈모를 예방하자는 거지.

다음으로 아침 샤워를 해야 할 유형이야.
학생이나 작가 등 창의력이 필요한 사람들은
아침 샤워가 좋다고 해.
하버드대학교 심리학과의 어느 교수의 연구에 따르면
아침 샤워가 잠에서 덜 깬 몸 속 세포들은 물론이고
뇌를 자극하고 깨우는 데도 도움이 된다고 하고,
또 아침에 하는 찬물 샤워는 '노르아드레날린' 분비를 촉진해서
기억력과 집중력을 높여주기 때문이지.

머리가 잘 떡지는 사람도 아침에 씻는 게 좋아.
밤에 머리를 감고 자면 머리가 눌리고 엉키면서
머리가 잘 떡지지만
아침에 감으면 밤새 머리에 생긴 노폐물을
다 씻어낼 수 있기 때문이야.

근데 난 아침에 씻는 사람으로서
우연히 전날 밤에 씻고 다음 날 늦잠 자게 되면
또 이만한 개꿀이 없지!

변비약과 설사약을 동시에 먹으면 어떻게 될까?

변을 보게 해주는 변비약과

설사를 막아주는 설사약,

이 둘은 아주 팽팽한 창과 방패의 싸움 같은데

과연 둘 다 먹으면 누가 이길까?

이에 대한 답을 위해 내가 부끄러움을 무릅쓰고

실수로 2개를 다 먹어버렸다고 하면서

약사 3명과 의사 한 명의 조언을 구해봤어.

먼저 변비약과 설사약도 종류가 엄청 다양하고

또 약의 효과와 구성 성분도 다 다르기 때문에

어떤 약을 먹었느냐에 따라 달라지는데,

만약 변비약이 더 독한 약이라면

설사약으로 막아보려고 해도 화장실을 갈 수밖에 없고,

또 설사약이 더 강하면
아무리 변비약일지라도 화장실을 가봤자
별다른 수확이 없다고 하더라고.

근데 다들 궁금해서 먹어보고 싶겠지만
실험은 하지 않는 게 좋을 거야.
설사약은 장 운동 자체를 억제하는 성분이 포함된 것도 많아서
잘 움직이던 장을 인위적으로 멈춰버리기 때문에
자칫 장 마비가 올 수도 있는 등 큰 문제가 생긴다고 해.

그리고 변비약은
안 나오던 변을 강제로 내보내기 위해
변을 만들어 내보내는 장기를
약에 의존해서 움직이게 만드는 거거든.
그래서 이것도 잘못 먹었다간
결국 장이 변을 제대로 만들지 못하고
'대장 무력증'이라고 해서
나 스스로 변을 만들어 내보내기 어려운 질병을 얻을 수도 있어.

아무튼 결론은 약에 따라서 나타나는 증상이 다르고
약을 이렇듯 오남용했다간
건강이 엄청나게 나빠질 수 있으니 괜히 시도하지 말라는 거야.

근데 변비엔 약 대신
불닭에 캡사이신 두 바퀴 두른 게 직빵이긴 해.

많고도 다양한 알레르기,
왜 생기는 걸까?

세상엔 알레르기 종류가 참 많은데
우리가 흔히 접할 수 없는 특이한 알레르기도 많더라고.

먼저 '물 알레르기'야.
전 세계적으로 몇 명 없는 알레르기로
지금까지 정확한 원인이 밝혀진 바는 없어.
근데 물은 종류에 따라 구성 성분이 다양한 거 알지?
그래서 그 구성 성분 중 하나가
알레르기를 유발한다는 가설이 지배적이야.
물 알레르기가 있으면 샤워도 정말 재빠르게 해야 하고,
비 오는 날 나가기도 어렵다고 해.

다음으로 '나무 알레르기'라고 있는데

나무 종류도 여러 가지잖아.
심지어 집 안의 나무로 된 가구를 통해서도
알레르기 증상이 나타날 수 있기 때문에
가구를 고르는 어려움도 있다고 하더라고.

'콜드 알레르기'라는 것도 있는데
이건 말 그대로 차가운 것과 접촉하면 생기는 거거든.
찬물은 물론이고 갑자기 차가운 공기와 접촉해도 알레르기가 생긴대.
호르몬 조절 이상 혹은 약물 후유증 등
여러 원인이 있을 수 있다고 하지.

그리고 '전자파 알레르기'라는 것도 있어.
우리가 휴대폰을 보거나 컴퓨터, TV를 보더라도
죄다 전자파를 접할 수밖에 없잖아.
특히 와이파이가 강한 곳에서 전자기파가 더 심해져.
프랑스의 한 여성은 알레르기가 너무 심해서 전자파를 피해
동굴로 들어가버렸다고 하더라고.

알레르기는 이런 독특한 상황뿐만 아니라
일상적인 경로를 통해서도 엄청 많이 일어나니 조심해야 해.
미국에선 땅콩을 먹고 양치를 한 다음
땅콩 알레르기가 있는 아이에게 뽀뽀를 해줬는데
아이가 알레르기가 돋아 병원에 갔대.
이만큼 위험한 거니까
혹시 모를 상대를 위해 절대 키스는 하지 말자.

몸에 점은
대체 왜 생길까?

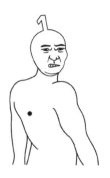

우리 몸을 잘 살펴보면 얼굴이든 팔이든
꼭 점이 하나씩은 있을 텐데
점은 대체 왜 생기는 걸까?

태어날 때부터 점이 있는 경우도 있지만
보통은 살아가면서 점이 생기게 되거든.
일단 햇빛에 피부가 노출이 되면
멜라닌 세포에서 생성되는 색소인
멜라닌의 양이 증가해.
멜라닌 색소가 많아지면 피부가 어두워지는데,
이 멜라닌 색소가 과다하게 생기면
그 자리에 점이 생기기도 하는 거야.

다음으로 모세혈관 때문에 생길 수도 있는데,

강한 압력을 받거나 외상을 입게 되면

모세혈관의 혈액이 응고될 수 있단 말이지.

그래서 이게 우리 몸에 점으로 보일 수 있어.

보통 붉은색 점으로 보이긴 하는데,

이런 경우는 어느 정도 있다가 자연스럽게 사라지지.

뭐 이렇게 생겨버린 점이 마음에 안 들면 빼기도 하는데,

이건 깊은 피부층에서 맴돌고 있는

색소를 제거하는 과정으로

필링하듯 색소를 벗겨내기도 하고

점을 베어내기도 한대.

아, 근데 한 가지 주의해야 할 게 있어.

점이 갑자기 생겼는데

얘가 무럭무럭 자라거나 옆으로 퍼질 때가 있거든.

근데 이걸 그냥 인체의 신비마냥 보고 있으면 안 돼.

점 모양이 이렇게 바뀌는 건 악성 종양일 가능성이 있거든.

암이라는 거야.

특히 몸에 있는 그냥 점은 어느 정도 둥글둥글하게 생겼는데

이런 점으로 위장한 악성 종양의 경우

뭔가 굴곡도 심하고 이질감이 들게 생긴 경우가 많아.

근데 이런 게 등에 생기면 어떻게 알지…?

휴대폰 다크모드가
눈에 더 안 좋다고?

휴대폰 볼 때 조금이나마 시력 보호하겠다고

'다크모드' 쓰는 사람 꽤 있지?

근데 사실 다크모드가 눈에 더 안 좋을 수 있다더라고.

다크모드를 쓰면

당장은 눈부심을 막을 수 있으니 일시적으론 좋을 수 있어.

하지만 다크모드를 쓰면 근시가 유발될 수 있거든.

다크모드는 화면이 어둡잖아.

어두운 환경에서 무언가 보려면

우리 눈의 동공은 좀 더 잘 보기 위해

빛을 모으려고 동공을 확장한단 말이야.

그러면서 억지로 눈 근육을 더 많이 쓰게 되는데

그게 근시를 유발하는 거지.

게다가 근시가 유발되는 환경에서는
난시도 같이 생길 수 있어서 문제가 될 수 있어.

또 다크모드가 블루라이트를 차단해서
눈의 피로 예방에 효과적이라는 말도 많지만,
미국 안과 학회의 말에 따르면
휴대폰에서 나오는 블루라이트가
눈의 피로와 직접적인 연관성을 찾기는 어렵다고 했거든.
다크모드가 눈의 피로 예방에 도움이 되는 건지도
명확하지 않다는 거지.

그럼 눈에 좋다고 검증된 것도 아니고
다크모드의 장점은 그냥 블랙 감성일 뿐일까?
당연히 아니야.
일단 대부분의 스마트폰이 디스플레이로
'OLED(Organic Light Emitting Diodes, 유기발광다이오드)'를 사용해.
근데 OLED는 어두운 화면을 내보일 때
디스플레이 속에서 거의 발광을 하지 않아서
전력 사용량이 확실히 줄어들어.
그 때문에 휴대폰 배터리를 아낄 수 있고
또 이렇게 보기 짜증 나는
'플리커 현상(flicker phenomenon)'도 감소한다는 장점이 있거든.

그리고 다크모드의 최대 장점은
새벽에 깨서 휴대폰 보다 생기는 '눈뽕'을 막아주는 거 아닐까.

엄청 열심히 뛰면
왜 피맛이 나는 걸까?

엄청 열심히 뛰면 목에서 피맛이 나기도 하잖아.

이거 왜 이러는 걸까?

알고 보니 뛰었을 때 피맛이 나는 것도

다 생물학적인 이유가 있더라고.

먼저 우리는 평소에 코로 호흡을 하는데

코에서 호흡을 할 땐 코털 같은 애들이

공기 중의 이물질을 거른 후

몸으로 공기를 넣어주고 있거든.

근데 뛸 때는 코로만 호흡하기에는 산소가 부족하다 보니

입으로 호흡을 하게 되는데, 이때 공기 중에 먼지 같은 온갖 이물질이

목에 그대로 붙어버리는 거야.

게다가 목으로 바람이 계속 들어오다 보니

건조해지기까지 하지.
건조한 곳에 이물질까지 잔뜩 붙으니 작은 상처가 생겨서
피맛이 날 수 있어.

또 다른 이유도 있어.
우리가 숨을 쉬면 폐로 들어가잖아.
근데 뛸 때는 호흡이 가빠지면서
산소가 더 많이 필요하단 말이야.
그래서 이 산소를 보충하기 위해
산소를 운반하는 피가 평소보다 빠르게 돌거든.
이 과정에서 폐에 압력이 가해지다 보니
폐의 구성 성분 중 하나인 폐포 쪽 미세한 모세혈관에
살짝 상처가 나면서 이게 숨 쉴 때 피맛으로 느껴지기도 한다고 해.
그래서 뛸 때 이 피맛을 느끼기 싫다면
최대한 입을 다물고 코로 호흡하도록 하면
피맛이 나는 걸 최대한 줄일 수 있지.

근데 뛸 때가 아니라 평소에도 피맛을 느낀다면
몸에 다른 이상이 생긴 것일 수도 있으니까 병원에 가보는 게 좋아.
다른 염증이 생겼거나 역류성 식도염에 걸려도
이런 피맛을 느낀다고 하거든.

근데 뛰다가 피맛 나면 진짜 기분 나쁜데
이 고통을 참고 맨날 뛰어다니는 초딩들, 리스펙…!

면도를 하면
털이 정말 두꺼워질까?

면도를 하면 털이 더 두꺼워진다고 하잖아.

이거 과연 진짜일까?

결론부터 말하자면 아니야.

하지만 털이 두껍다고 느껴지는 게 단순한 기분 탓은 아니거든.

우리 몸에 나는 털은

이렇게 피부 속에 있는 '모낭'에서부터 자라나는데

시작은 창대하지만 끝은 미약하단 말이야.

한마디로 피부와 멀어지면서 얇아진다는 거지.

근데 면도를 하고 나면 피부와 가까운 부분만 남으니까

당연히 원래 내가 느꼈던 털보다

두껍게 느껴질 수밖에 없는 거야.

뭐 어느 정도 시간이 지나면 다시 얇은 털을 만나볼 수 있지.

털을 미는 것뿐만 아니라 뽑는 것도 마찬가지야.
계속 뽑아댄다고 해서 털이 두꺼워지진 않아.
심지어 털을 뽑으면 갑자기 털이 두세 가닥씩 난다면서
뽑는 걸 망설이는 사람도 많지만
뽑은 자리에선 털이 더 생기지 않으니
그런 걱정은 할 필요가 없어.

근데 이렇게 털을 밀거나 뽑으면
일시적으로는 털을 안 볼 수는 있겠지만
어차피 금방 자라기도 하고,
짧고 날카로워진 털이 피부를 찔러서
염증이나 모낭염을 일으킬 수도 있어.
그리고 색소 침착에 피부가 늘어나는 등의
각종 문제가 생길 수 있기 때문에
너무 자꾸 반복하면 문제가 되는 건 사실이야.

그래도 정 뽑고 싶다면
털의 뿌리를 집어서 단번에 잡아 뽑아야 하고,
털이 난 모양 그대로 밀어야 하지.
그래서 제모를 하고 싶을 때는
레이저 제모로 모낭을 파괴하는 방법이
가장 안전하고 효과적이라고 해.
근데 생각해보면 처음부터 털 좀 밀어버렸다고
털이 많아지고 두꺼워지면
세상에 탈모 걱정은 상상도 못 했겠지.

소변을 계속 참으면
어떻게 될까?

소변을 계속 참으면 병이 난다는데

진짜 악으로 깡으로

인간의 의지를 제대로 보여주면서 참으면 어떻게 될까?

이러면 안 되는 것도 다 과학적인 이유가 있더라고.

소변을 계속 참다 보면

소변이 오랫동안 방광 속에 들어 있게 되고,

그 사이 세균이 요도를 타고 방광까지 침범한 다음

따뜻한 소변 속에서 엄청난 활개를 칠 수가 있어.

그렇게 되면 방광염부터 시작해서

신장 기능에도 부정적인 영향을 끼칠 수가 있지.

진짜 악으로 깡으로 버티게 된다면

방광이 점점 팽창하게 되면서

'요관'이라는 기관으로 소변이 역류하게 돼.

아래 구멍이 막히니 위로 올라간다는 거야.

다행히 터지거나 그러진 않아.

근데 자연스레 소변을 배출하게 되면

요도를 타고 올라오는 세균을 밀어내기도 하고

역류도 안 하니 애초에 문제가 없지.

그럼 엄청나게 오줌을 자주 싸는 게 이득일까?

그것도 아니야.

너무 자주 소변을 싸면

방광에 소변이 적당히 차지도 않았는데

계속 소변이 마렵다고 느끼게 되면서

점차 소변을 참기 힘들어지는

'과민성방광'이라는 질환을 앓을 수도 있거든.

이게 진짜 더 심해지면

속옷에 실수를 할 수도 있는 '요실금'이 생길 수도 있는 거지.

젊은 나이에 그러면 큰일이잖아?

그래서 의사들은 하루에 6~8번 정도

화장실에서 시원하게 내보내주는 게 좋다고 해.

소변을 계속 참는 습관을 들이면

정력이 좋아진다는 X소리가 있긴 한데,

계속 참다가는 정력은 고사하고

못 참아 실수로 바지에 지려서

건강도 이미지도 잃게 되니 참지 말고 그냥 갔다 오자고.

01:00

인간의 치아는
왜 딱 두 번만 날까?

인간의 치아는 유치와 영구치로 총 두 번 나잖아.

이는 왜 두 번만 나는 걸까?

알고 보니 그것도 다 생물학적인 이유가 있더라고.

사람들은 흔히 유치가 빠지고

영구치가 만들어진다고 알고 있는 경우가 많은데,

사실 보이지 않을 뿐, 둘 다 갖고 태어나거든.

근데 같은 자리에 두 번에 걸쳐서 올라오니까

사람들이 착각하는 거야.

아무튼 이렇게 같은 자리에 두 번 나는 이유를 알려면

우선 치아의 발생 과정을 알아야 해.

일단 우리는 엄마 배 속에 있을 때

'구강상피'가 '중간엽' 속으로 성장하면서
'치아판'이라는 게 생기거든. 이제 판도 깔렸겠다,
본격적으로 치아판이 싹 모양으로 자리를 잡는데
이걸 '치배'라고 해.
이 치배가 점점 증식과 분화를 하면서
우리의 유치와 영구치가 만들어지지.
치배는 치아의 씨앗이라고도 하는데
인간은 이게 딱 한 번만 형성되거든.
씨앗이 있어야 열매를 맺듯이,
치배가 하나밖에 없는데 치아가 또 날 수 있겠냐고.
그래서 우리의 유치와 영구치는 한 번만 나는 거지.

그럼 왜 굳이 치아가 두 번이나 올라오는 걸까 싶잖아.
이건 우리가 크면서 얼굴도 같이 커지니까
커진 턱에 맞게 큰 치아가 필요하기 때문이야.
근데 상어나 악어 같은 애들은
어쩌다 이가 빠져도 새 이가 무한리필 되는데
이건 치아판을 수백 개나 갖고 있기 때문이거든.
그럼 치배도 그만큼 많겠지?
그러니까 치아가 계속 자랄 수 있는 거야.

사실 인간에게도 치아 재생이 가능한 유전자가 있는데,
불활성화되어 아직 재생이 불가능한 걸 뿐,
미래엔 가능할 수도 있대.
이게… 세상의 이(2)치인가?

운동을 열심히 하면
왜 알이 배기는 걸까?

운동하겠다고 마음먹고

어깨 등 하체 싹 몸 좀 풀고 나왔는데

다음날 아침에 일어났더니

온몸에 알이 배겨서 고통받은 적 있지?

왜 운동을 하면 알이 생길까?

이것도 다 과학적인 이유가 있더라고.

이렇게 알이 생기는 현상을

'지연성 근육통'이라고 부르는데,

평소보다 과도하게 운동했거나

쓰지 않던 근육을 갑자기 쓰게 되면

근육 내 작은 근섬유들을 비롯한 결합조직들이

손상을 입게 되면서 고통이 생기는 거야.

이때 현미경으로 근조직을 살펴보면
미세하게 상처가 나 있거나 멍이 들어 있지.

그런데 왜 알 배김으로 인한 고통은
운동 직후가 아닌 어느 정도 시간이 지난 후에 느껴질까?
아직 왜 이러는 건지 정확한 원인이 밝혀지진 않았는데,
보통 24시간에서 72시간 사이에
근육통이 최고조에 달하고
서서히 고통이 완화되어야 하는 게 정상이라고 해.
시간이 한참 지나도록 통증이 있으면
다른 문제가 생겼을 가능성이 크지.

가끔 이렇게 알이 뱄는데
이럴 때일수록 운동을 더 해줘야 한다면서
더 빡세게 운동하러 가는 사람들 있잖아.
그렇게 되면 근섬유 상처가 더 심해져서
염증 반응을 일으킬 수 있기 때문에
운동보단 가벼운 스트레칭 정도만 해주는 게 좋아.
그리고 혈액 순환을 위해 온찜질을 해주거나
단백질이나 무기질을 섭취해서
회복을 돕는 것도 하나의 방법이지.

그런데 내 근육 건강을 생각하면
첫날 운동하고 알 배기면 다음날 운동하면 안 되잖아.
이래서 내가 운동을 시작하면 이틀을 못 간다니까.

코피 나면 고개를 숙일까,
아니면 들까?

여느 때처럼 숨쉬기 운동을 성실히 하고 있는데

갑자기 인중에서 따뜻하면서도 밀도 있는 액체가

주루룩 흘러내릴 때가 있어.

바로 코피가 날 때인데,

과연 코피가 나면 고개를 숙여야 할까, 들어야 할까?

결론부터 말하자면 고개를 숙여야 해.

고개를 들면 코피가 목 뒤로 흘러들어가서

식도나 기도로 넘어갈 수 있는데,

그러면 식도염이나 폐렴 등 심각한 문제가 생길 수 있기 때문이야.

고개를 숙이면서 콧등이나 코끝도 눌러주고

여건이 되면 코에 냉찜질도 해주면서

온도를 낮춰주고 지혈하면 좋지.

그리고 솜이나 거즈를 사용해
콧구멍을 막아주면 되는데,
여기서 한 가지 주의할 점이 있어.
우리는 보통 코피가 나면
휴지를 뜯다가 뭉쳐서 코에 넣곤 하는데,
사실 휴지 표면이 생각보다 거친 게 많기 때문에
휴지를 쓰면 코점막이 손상되면서
코피가 더 심해질 수 있어서
휴지 사용은 지양하는 게 좋아.

참고로 코피가 나는 이유는
너무 건조한 환경에 있거나
코 혈관을 덮고 있는 점막이 손상되었기 때문이야.
손가락을 넣어서 코를 후벼파거나 해서 말이지.
보통 코피는 5분에서 10분 정도 지나면 거의 멈추거든.
그런데 가끔 아무리 지혈해도 코피가 멎지 않을 때가 있어.
이런 경우 혈액의 응고나 지혈에 관여하는
혈소판 수가 감소하는
혈소판 감소증을 염려해봐야 할 수도 있어.
고혈압일 때도 코피가 잘 멎지 않기도 한다고 해.

아무튼 우리의 안전을 위해
꼭 기억해야 할 리듬이 있는데 잘 들어봐.
하나 둘, 코피가 차올라서, 고갤 숙여!

귀에 물이 들어가면
나는 소리는 뭘까?

샤워하거나 수영을 하고 나왔을 때

귀가 먹먹해지면서 물 속에 들어가 있는 듯한 느낌, 받아본 적 있지?

귀에 물이 들어가면 왜 이상한 소리가 날까?

이것도 다 과학적인 이유가 있더라고.

일단 소리를 들을 때에는

귀로 소리를 모은 다음

고막의 진동을 거쳐서 달팽이관으로 듣게 되는데,

귀에 물이 들어가게 되면

물이 고여서 고막의 진동을 방해하게 돼.

그렇게 되면 고막이 제대로 진동할 수 없게 되어서

멍멍한 소리를 듣게 되는 거지.

이럴 때 엄청 답답한데

하필 또 아무리 찾아봐도 집에 면봉도 없어서

한쪽 발로 뛰어도 보고 휴지를 말아 귀에 넣고 난리도 치고

그러다 빡쳐서 손가락도 집어넣어서

물을 빼보려다 결국 염증 생겨본 적 다들 있을 거야.

이럴 때는 물이 들어간 쪽으로

머리를 기울이고 몇 초만 기다리면

자연스럽게 물이 빠지는 경험을 할 수 있을 거야.

그런데 언젠가 빠진다고 생각하고

물을 안 빼주고 그냥 두는 사람도 있을 거야.

물이 안 빠지고 그대로 고여 있게 되면

귀에 고여 있는 물로 인해 눅눅해진 귀지가

균이 서식하기 좋은 환경을 만들어서

염증이 생길 수도 있으니까 꼭 빼주는 게 좋아.

혹시 물에 들어간 적도 없는데

귀에 물이 찬 느낌이 드는 사람 있어?

이걸 바로 '이폐감'이라고 하는데

심한 감기, 중이염, 외이도염, 돌발성 난청 등

다양한 이유로 찾아오는 증상이니까

이럴 때는 병원에 가보는 게 좋아.

조금이라도 들릴 때 건강 좀 챙기며 살자고.

근데 위험한 건 알지만…

나는 가끔… 바다에 빠지고 싶을 때… 귀에 물을 넣어…!

코를 많이 파면
콧구멍이 넓어질까?

가끔 가다 코를 파주면 막혔던 게 뻥 뚫리니까
시원한 쾌감이 들면서도
계속 파다가는 콧구멍이 넓어질 것 같아서
걱정되기도 하잖아.
코를 많이 파면 콧구멍이 넓어질까?

일단 결론부터 말하면,
코를 파는 시기에 따라서 콧구멍이 넓어질 수도 있고
그렇지 않을 수도 있어.
사람은 누구나 어릴 때 성장기를 거치게 되는데,
개인마다 차이는 있겠지만
일반적으로 여성은 16세, 남성은 18세 정도까지
키나 신체 기관들이 자라게 되지.

그런데 어린아이들을 보면

몸도 점점 커지지만

얼굴의 생김새도 계속 변하잖아.

그 이유는 성장기를 거치는 동안

눈, 코, 입 또한 계속 성장하면서 형태가 바뀌기 때문인데,

코의 경우는 10세 이전에 한 번,

사춘기가 시작되면서 한 번,

총 두 번에 걸쳐서 크게 자라나는 시기가 있어.

그런데 코가 한창 자라고 있을 이 시기에

코를 너무 많이 파서

콧구멍에 지나친 압력을 가하게 되면

성장중인 콧구멍 근육이 자극을 받아서

콧구멍이 넓은 형태로 자라나는 불상사가 발생한다는 거지.

마찬가지로 어렸을 때 코 성형을 하면

크면서 코의 모양이 이상해지는 것도

성형할 당시 코가

아직 완전히 자라지 않은 상태였기 때문이야.

하지만 성장기가 끝나고 성인이 되면

코의 근육과 피부가 완전히 자리를 잡기 때문에

이때는 아무리 코를 많이 파도

콧구멍이 커질 일은 없으니까

코피가 날 정도만 아니면 마음 놓고 파도 돼.

자, 그럼 여기서 문제, 코 팔 때 제일 시원한 손가락은?

01:00

그 사람의 눈에는
왜 안광이 도는 걸까?

인터넷에서 이런 짤 본 적 있지?

초롱초롱함을 넘어서서 찐 광기를 띠는 눈을

'안광이 돈다'고 하는데

이거 왜 이러는 걸까?

먼저 사람은 고양이 같은 야행성 동물처럼

들어온 빛을 반사하는 '휘판'이 없기 때문에

고양이 눈처럼 빛을 내보낼 수는 없어.

하지만 사람의 눈에도 약간의 빛 정도는 반사되기도 하고

때마침 눈에 초점이 잘 잡혀 있을 경우에

흡사 눈에서 빛이 나는 듯한 느낌을 받게 되는 거야.

이런 사람들은 똘똘하고 카리스마 있어 보이는데

관상학적으로도 이런 사람은

강한 정신력을 가진 것으로 보기 때문에
좋은 의미를 가지니까
안광이 돌도록 눈을 힘있게 뜨고 다니는 게 좋아.

그래서 어디 가서 지고 다니지 말고
눈빛으로 압살하고 다니라고
안광 제대로 도는 방법을 알려줄게.
일단 흐리멍텅한 눈은 당연히 내다 버려야 하고
이마에 주름이 생기지 않을 정도로만
눈을 최대한 크게 뜨는 거야.
내가 너의 뒤통수까지 쳐다볼 수 있다는 느낌으로
눈에 힘을 빡 주고 쳐다봐야 하지.
그리고 누가 나한테 뭐라고 하면
고개를 살짝 치켜세우면서
눈알을 0.5cm 옆으로 돌리고
눈 한번 깜빡이지 않고
뚫어져라 응시하는 가오도 필요해.

마지막으로는 체력 단련을 하는 건데,
몸이 튼튼해지고 힘이 세지면
자신감이 저절로 따라붙기 때문에
세상을 이길 수 있다는 강인한 눈빛을 얻을 수 있게 돼.

근데 그거 알아…?
우리 편집자들 눈에서도 안광이 돌아….

왜 바른 자세는 불편하고
잘못된 자세는 편할까?

집에서 비스듬하게 앉아 있다 보면

엄마가 허리 망가진다면서

똑바로 앉으라고 잔소리하지?

근데 허리를 꼿꼿이 세우고 있으면

조금만 시간이 지나도 엄청 불편하잖아.

왜 몸에 안 좋은 자세는 편하고

몸에 좋은 자세는 불편할까?

짜증나게 여기에도 인체공학적인 이유가 있더라고.

우리 몸은 관절, 인대, 근육 등의

다양한 요소로 이루어져 있는데,

이 중에 어떤 요소를 사용하는지가

바른 자세와 잘못된 자세를 구분하는 포인트라고 할 수 있어.

먼저 잘못된 자세는 근육이 아닌
관절이나 인대를 주로 사용하는 자세야.
그래서 근육을 사용하지 않으면
힘을 줄 필요가 없으니 편하다고 느끼는 거지.
대신 근육이 쉬는 만큼 관절이나 인대 등의 다른 부위에
체중이 더 많이 실리게 되는데,
바로 여기서 문제가 발생해.
관절과 인대는 쓰면 쓸수록 닳아 없어지는 소모품이라
사용할 수 있는 양이 정해져 있거든.
그러니까 잘못된 자세를 자주 취하면
관절이나 인대가 너무 빨리 닳아서
종이 인형이 되어버리는 거야.

반대로 바른 자세는 관절이나 인대 대신
근육을 주로 사용하는 자세인데,
아무래도 근육에 계속 힘을 주다 보면
불편하다고 느껴질 수밖에 없어.
하지만 그만큼 관절과 인대가 소모되는 걸 막아주니까
건강한 몸을 더 오래 유지할 수 있는 거지.

그러니까 나중에 고생하기 싫으면
불편하더라도 항상 바른 자세로 살자구!
근데 이런 거 보면 잠시 동안은 자세를 바르게 고쳐 앉지만
정신 차리고 보면 어느새 자세가 또 굽어 있음.

'거기' 맞고 난 뒤에는
왜 꼬리뼈를 두드릴까?

보통 축구 경기장에서 종종 보면

운동선수들이 소중한 그곳에 공을 맞으면

다들 꼬리뼈를 주먹으로 때리잖아.

거기를 맞고 난 뒤 꼬리뼈를 두드리면 정말 효과가 있을까?

결론부터 말하자면,

실제로 효과가 좋아.

고환은 많은 신경이 결합되어 있기도 하고

감싸고 보호해주는 뼈도 없는 데다가

다른 장기보다 외부로 노출이 잘 되어 있기 때문에

힘이 가해졌을 때 극심한 고통을 느끼기 쉽고

강도도 엄청나게 세다고 느낄 수 있어.

272
—
273

그런데 꼬리뼈 쪽에
고환과 관련된 신경이 연결되어 있기 때문에
그곳을 맞고 나서 엉덩이나 꼬리뼈 주위를 두드려주면
과도하게 긴장된 고환 부위의 근육을 풀어줄 수 있어서
통증 감소에 도움이 될 수 있다고 해.
너무 아파서 직접 두드릴 수 없을 지경에 이르렀을 땐
누군가에게 부탁해서 두들겨 달라고 하는 것도 좋아.

보통은 이렇게 조금 두드려주고 나면
통증이 사라지게 된다고 하는데,
고환을 맞아서 생긴 고통이 심해질 경우
기절해서 응급실에 실려 가는 경우도 많다고 하니
이 방법으로 빨리빨리 고통을 가라앉혀야지.

그런데 이렇게 두드려서 고통이 가라앉으면 다행이지만
가라앉지 않으면 곧바로 병원을 가야 하거든.
안 그랬다간 고환을 다른 세상으로 보내주거나
불임의 원인이 될 수도 있어.
고환 이식 수술을 받더라도
이때부터 생기는 정자는
기증자의 유전자이기 때문에
평생 내 유전자를 물려받은 아이는 가질 수 없게 되는 거지.

지금 보니 2개도 부족한 거 같은데?

왜 약은
식후 30분 후에 먹을까?

약국에서 약을 타면

꼭 밥 먹고 나서 30분 후에 먹으라고 하는 경우가 많잖아.

왜 약은 식후 30분 후에 먹어야 할까?

여기에도 과학적인 이유가 있더라고.

우리가 약을 먹으면

위나 소장에서 흡수되어서 혈관으로 이동하는데

이 과정에서 약 성분이 위 점막을 자극하면

속이 쓰린 증상을 유발할 수도 있어.

특히 소염진통제나 철분제는

위벽의 보호층을 얇게 만들거나

위장 장애를 일으키기도 하지.

그래서 이런 부작용들을 방지하기 위해

약을 먹기 전에

먼저 음식으로 위를 채워서 위벽을 보호하는 거야.

하지만 모든 약을 식사 후에 먹어야 하는 건 아니야.

흡수율이 낮은 약의 경우

음식과 섞이게 되면 몸에 흡수가 잘 안 되어서

오히려 효과가 떨어질 수도 있기 때문에

이런 약들은 식사 전에 먹는 경우도 있지.

그런데 왜 하필 '식후 30분'이냐고?

사실 여기에 대한 의학적 근거는 아직 부족한 편이야.

식품의약품안전처의 허가사항 중에도

이런 기준은 찾아볼 수 없고

이와 비슷한 해외 사례도 없거든.

그럼에도 식후 30분이 일반화된 이유는

심리적인 이유 때문이야.

약이 약효를 발휘하려면

일정 기간 동안 규칙적으로 복용해서

몸속의 약물 농도를 일정하게 유지해야 해.

그런데 사람들에게 그냥 약을 먹으라고만 하면 까먹기 쉬우니까

식후 30분이라는 구체적인 시간을 정해줘서

더 기억이 잘 나게 하려는 심리적인 장치인 거지.

그런데 '30분 후에 먹어야지~' 해놓고 무조건 까먹음.

눈을 찡그리면
왜 더 잘 보일까?

눈이 안 좋은 사람들은 멀리 있는 물체를 볼 때

눈을 찡그리면 더 선명하게 보이잖아.

왜 눈을 크게 떴을 때보다 찡그렸을 때 더 잘 보이는 걸까?

우리가 사물을 볼 수 있는 건

사물에 반사된 빛이 눈에 들어오기 때문인데,

눈에 들어온 빛은 가장 먼저 '수정체'를 통과하면서 굴절되고

눈 뒤쪽에 있는 망막의 한 지점으로 모이게 돼.

그 후에 망막에 물체의 상이 맺히면서

뇌에서 그 물체를 '본다'고 인식하게 되는 거지.

하지만 시력이 나쁜 사람들의 경우

수정체에서 굴절된 빛이 정확하게 망막에 모이지 못하고

엉뚱한 곳에 모이게 되는데
이렇게 되면 망막에 하나의 상이 아니라
여러 개의 상이 번져서 맺히기 때문에
뇌는 물체를 흐릿하게 인식하게 돼.

이때 선명도를 높일 수 있는
가장 간단한 방법이 바로
빛의 양 자체를 줄이는 거야.
눈에 들어오는 빛의 양이 줄어들면
그만큼 빛이 굴절되는 범위가 작아져서
망막에 맺히는 상의 번짐도 감소하기 때문에
물체를 좀 더 선명하게 인식할 수 있거든.
이걸 바로 '핀홀 효과(Pinhole Effect)'라고 하는데
우리가 눈을 찡그리는 것도
눈꺼풀로 동공의 일부를 가림으로써
눈에 들어오는 빛의 양을 줄이는
핀홀 효과를 이용한 행동이지.

'눈 찡그리기'의 자매품인 '손으로 망원경 만들기'도
일부러 주변의 빛을 차단해서
대상을 선명하게 보기 위한
핀홀 효과의 일종이지.

근데 이 방법들을 쓰면 확실히 잘 보이긴 하는데…
주변에서 날 피한다는 치명적인 부작용이 있더라고.

칫솔 교체 주기는
얼마가 좋을까?

우리는 매일 밥을 먹고 양치를 하는데

양치는 제때 하면서

칫솔을 언제 바꿔줘야 할지는 잘 모르는 것 같아.

과연 칫솔은 어느 정도의 주기로 바꿔주는 게 좋을까?

칫솔은 솔로 치아에 붙은 이물질을 닦아내는 도구인데,

아무래도 힘을 줘서 솔을 문지르다 보니

어느 정도 사용하면 곧게 뻗어 있던 솔이

조금씩 옆으로 휘어지게 돼.

그러면 칫솔모가 치아에 닿는 면적이 줄어들면서

이물질을 닦아내는 양이 줄고,

멋대로 휘어진 칫솔모는

치아가 아닌 잇몸을 찌르며
상처를 내기도 하기 때문에
칫솔모가 조금 벌어졌다 싶으면
곧바로 바꿔주는 게 좋아.
정확한 기준이 있는 것은 아니지만
대부분의 치과의사는 2~3개월에 한 번씩
칫솔을 바꾸길 권장하고 있지.

그리고 칫솔을 잘 바꿔주는 것도 중요하지만
칫솔의 보관 환경도 중요해.
칫솔을 대부분 습한 화장실에 두는데,
화장실 안에는 갖가지 균들이 서식하기 좋으니까
양치를 하면 칫솔을 깨끗이 헹구고
물기를 털어서 통풍이 잘되는 곳에 보관해야 해.

그런데 이렇게 칫솔도 잘 바꾸고 보관까지 잘해도
가장 중요한 건 내 이가 깨끗하게 닦이냐는 거야.
칫솔 머리가 너무 크면 치아를 골고루 닦기가 어려워서
대한예방치과학회에서는 칫솔 머리가
어금니 치아 2개 내지 3개를 덮는
2~3cm 정도 되는 사이즈의 칫솔을 권장하고 있어.

결론은 머리가 2~3cm 정도 되는 칫솔을
적어도 3개월에 한 번씩은 바꿔주는 게 좋다는 거지.

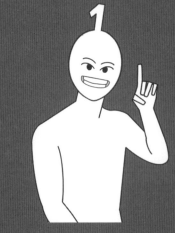

Just 1 minute

6장

음식 뒤에 숨겨진
흥미로운 사실들!

교도소 출소 날엔
왜 두부를 먹을까?

영화나 드라마를 보면
교도소에서 출소한 사람들에게
두부를 먹이는 장면들이 나오잖아.
더 맛있는 음식도 많은데 왜 하필 두부를 먹는 걸까?
이게 여러 가지 이유가 있더라고.

우리나라는 과거 독립운동을 하면서
수많은 사람들이 옥살이를 하게 되었어.
워낙 먹을 것이 부족하게 지내다 보니
너무 허기지고 컨디션이 좋지 않은 상태로
옥에서 나오게 되는데,
이때 갑자기 여러 가지 음식을 먹게 되면
급체해서 사망에 이르는 경우가 종종 있었대.

그래서 영양분도 많고,

갑자기 먹어도 별 탈이 나지 않는

부드러운 두부를 주게 된 거지.

두부는 갈아 넣는 콩에 비해 양도 많고

영양분도 굉장히 풍부한 고단백 식품이야.

안에서 영양실조에 걸린 상태였다면

빠르게 몸을 회복하는 데도

큰 도움이 되어주는 음식이지.

이렇게 출소한 사람들에게 두부를 주던 문화가

지금까지 이어져오고 있는데,

그 과정에서 두부에 여러 가지 의미들이 부여되기 시작했어.

대표적으로 두부가 워낙 하얀 음식이니까

출소 후 깨끗한 삶으로 돌아가라는 의미로 생각할 수도 있고,

과거 교도소에선 콩밥을 주는 경우가 많았는데

이런 콩으로 만든 대표적인 음식인 두부가

다시 콩으로 돌아갈 수 없듯

지금 출소한 교도소에

다시는 들어가지 못하는 사람이 되라는 뜻도 있어.

그런데 옛날 교도소에서 하루 종일 콩밥만 먹고 나온

그 사람 입장에서 생각을 조금만 해보면

나오자마자 또 두부를 주면…

이거 상당히 먹기 싫지 않았을까 싶네.

라면의 면은
왜 꼬불꼬불한 걸까?

'라면' 하면 꼬불꼬불한 면이 생각나잖아.

칼국수, 냉면 같이 다른 면 종류 음식들은

그냥 1자의 기다란 면인데

왜 하필 라면만 면이 꼬불꼬불한 걸까?

이것도 다 과학적인 이유가 있더라고.

첫 번째로 면이 꼬불꼬불하면

조리 시간을 단축할 수 있어.

꼬불꼬불한 모양의 면은

외부와 접촉 면적이 넓어져서

끓일 때 그 사이로 열과 수분이 더 잘 흡수되기 때문에

빨리 익게 돼.

두 번째로는 유통에 있어서 효율적이야.

라면 한 봉지에 있는 면의 길이는 대략 50m 정도 되는데,

면을 꼬불꼬불하게 뽑았을 때가

1자로 뽑은 면보다 부피가 훨씬 작아지게 되지.

우리 장기 중에 7m 정도 되는 긴 소장도

꼬불꼬불하게 뭉쳐져서

우리 몸에 다 들어가는 것과 비슷한 원리야.

그리고 1자 면보단 꼬불꼬불한 면이

충격을 덜 흡수하기 때문에

라면의 면이 쉽게 부서지는 피해를 줄일 수도 있어.

이런 꼬불꼬불한 라면을 먹게 된 것에는

역사적인 이유도 있는데,

우리나라가 한창 힘들 때

사람들이 꿀꿀이죽을 먹는 걸 보고 충격받은

삼양식품의 고 전중윤 회장은

일본의 인스턴트 라면을 인상 깊게 보았고,

이 라면 만드는 기술을 한국에 들여와서

1963년 우리가 아는 꼬불꼬불한 라면이 탄생하게 된 거야.

그 후 우리나라는 사람들의 입맛에 맞게

다양한 종류의 라면을 출시했고,

지금은 이게 너무 유명해져서 해외 수출까지 이어지고 있지.

우리가 얼마나 종류를 다양하게 만드냐면,

라면에 팥이랑 녹차랑 참치마요 같은 걸 다 때려넣을 정도야.

소고기는 돼지고기보다
왜 더 비싼 걸까?

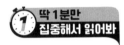

특별한 날 누가 고기 사준다면서

소고기랑 돼지고기 중 고르라고 하면

다들 소고기를 고르지?

소고기는 맛있긴 한데

돼지고기보다 비싸서

평소에 내 돈 주고 쉽게 사 먹기가 어렵잖아.

소고기는 왜 돼지고기보다 비쌀까?

일단 소는 돼지에 비해 먹는 사료량이 상당히 많아.

돼지는 몸무게 1kg을 늘리는 데 필요한 사료의 양이

5kg 언저리면 되는데,

소의 경우는 1kg을 찌우기 위해서

대략 사료 10kg 이상을 먹여야 해.

그만큼 먹이 값에 돈이 더 많이 들어갈 테니까
판매할 때도 비쌀 수밖에 없는 거지.

다음으로는 소의 번식 과정 때문이야.
돼지는 한꺼번에 10마리 이상의 새끼도 낳을 수 있고
114일이라는 소에 비해 비교적 짧은 임신 기간을 갖지만,
소는 한 번에 새끼를 1~2마리 정도 낳는데
임신 기간은 270일이 넘어가는 긴 시간을 가져서
번식에 있어서도 돼지가 소보다 훨씬 쉬워.
소보다 많은 개체 수를 쉽고 빠르게 가질 수 있으니까
저렴하다는 거지.

근데 이렇게 소가 새끼를 적게 낳고,
밥도 많이 먹어서 비싼 거라면
외국산 소고기도 비싸야 할 텐데 그렇지 않잖아.
그 이유 중 하나는
소고기의 유통 단계가 한국에 비해 짧기 때문이야.
한국에서의 소고기 유통은
대략 8번 정도의 단계를 거쳐
최종적으로 소비자에게 들어오지만
외국은 이보다 짧은 유통 단계를 거쳐.
유통 단계가 길어질수록
그 사이에 계속해서 마진이 붙는데,
한국산 소고기는 이 마진으로 인해
비싸질 수밖에 없다는 거지.

수박씨를 빼지 말고
먹어야 하는 이유는?

여름엔 뭐니 뭐니 해도

시원한 수박이 최고잖아.

수박을 먹을 땐 꼭 씨까지 먹는 사람과

안 먹는 사람으로 갈리기 마련인데,

수박씨를 꼭 먹어야만 하는 영양학적인 이유가 있더라고.

우리가 먹는 과일 중에는

껍질이나 씨앗에 영양소가 더 풍부한 것들이 많아.

수박씨도 그중 하나인데,

최근 놀라운 효능이 하나둘 발견되면서

'슈퍼푸드'라고 불리고 있지.

우선 수박씨에는 불포화지방산인

'리놀렌산'이 엄청 많이 들어 있는데,

리놀렌산은 콜레스테롤 수치를 낮춰서
혈액순환을 원활하게 하기 때문에
고혈압, 동맥경화 같은 각종 성인병을 예방해주고,
체지방의 축적도 막아주니까
다이어트 중인 사람들은 꼭 먹는 게 좋아.

그리고 수박씨에는 단백질을 구성하는
아미노산인 '아르기닌'도 굉장히 풍부한데,
이게 피로 해소와 면역력 향상에 직빵이라서
피곤한 직장인들이나 고강도 운동을 하는 사람들에게
반드시 필요한 영양소야.
그런데 이 아르기닌은 수박 과육보다 씨앗에
무려 73배나 더 많이 들어 있기 때문에
비싼 돈 주고 영양제 사 먹을 바엔
그냥 수박씨에 들어 있는 아르기닌을 먹는 게 낫지.

마지막으로 수박씨에는
몸속의 노폐물들을 배출시켜주는
'시트룰린'이라는 성분도 들어 있는데,
이게 얼마나 효과가 좋은지 동의보감에도
수박씨가 방광과 신장의 염증을 개선해준다고 나와 있어.

어때? 수박씨의 효능을 알고 나니까
그동안 안 먹고 버렸던 수박씨들이 아까워지지 않아?
그러니까 앞으로는 꼭 수박씨까지 다 먹어야 해!

고기 불판 아래에
물을 왜 채워 넣을까?

보통 숯불 고깃집에 가면

숯불 옆에 물웅덩이를 만들어놓잖아.

이걸 끓여다 마실 것도 아니고 왜 이런 걸까?

여기에 물을 담아놓는 것도

다 과학적인 이유가 있더라고.

고기를 구우면 자연스럽게 기름이 나오잖아.

그럼 이게 숯불로 뚝뚝 떨어지게 될 것 아니야.

근데 고기 기름이 숯불로 다 떨어져버리면

숯불에서 심한 냄새와 연기가 나기도 하고,

잘못했다간 숯불에 불이 크게 붙어버려서

난데없이 미니 캠프파이어가 열려.

그러면 당연히 고기는 다 타버리겠지.

또 고기 기름이 튀어버릴 수도 있어서

굽다가 기름으로 공격당할 수도 있거든.

결국 어지러운 환경과 고기가 타버린 정신적 충격으로

맛있게 고기를 먹을 수 없는 치명적인 사고가 벌어질 수 있어.

근데 이렇게 숯불 옆에 물웅덩이가 있으면

기름 일부만 숯불로 가고

나머지는 옆에 있는 물웅덩이로 흘러 들어가게 되니까

연기도 확실히 덜 나고,

고기가 불타버리는 걸 막을 수도 있어서

안전하고 맛있게 고기를 구워 먹을 수 있게 돼.

어차피 물 위에 고기 기름이 떨어진 거라

그냥 물을 흘려버리면 되어서 설거지도 편하지.

그리고 물은 고기 불판의 열전달을 낮춰주는 역할을 해서

너무 뜨겁지 않은

적당하고 완벽한 불판 상태를 만들어주기 때문에

고기를 확 태우지도 않고,

맛있게 구울 수 있다는 장점이 있어.

마지막으로 물은 100℃에서 끓지만

돼지기름은 끓는점이 훨씬 높아서

물이 다 증발할 때까지 기름이 절대 끓지 않아서 안전하지.

난 뭐 고기 촉촉해지게 미스트 대용으로 넣어놓은 줄.

순살치킨은
어떻게 만들까?

손에 기름을 묻히지 않고도

포크로 콱 찍어서 쉽게 먹을 수 있는 순살치킨 있잖아.

뼈 없는 닭을 키우는 것도 아니고,

순살치킨은 대체 어떻게 만드는 걸까?

순살치킨을 만드는 게 아무래도 감이 안 잡히다 보니

뼈를 녹이는 약물에 담근다거나

뼈랑 살을 같이 갈아버린 거라는 등 여러 소문이 있어.

근데 사실 이건 사람이 뼈를 하나하나 발골하는 거거든.

생닭의 뼈를 발라내 일정한 크기로 자르고, 시중에 유통하는 거지.

뭐 기계로 뼈를 발라낼 수도 있지만

생각보다 돈이 많이 들고 효율도 떨어지는 등

여러 불편함이 있어서 그냥 사람이 직접 손으로 한다더라고.

아, 치킨도 순살로 시키려면
1,000~2,000원 정도 더 비싸서
다들 한 번씩 주춤해본 적 있지?
순살이 비싼 것도
이렇게 뼈를 발라내는 데 들어간 인건비나 시설비 등
제조 과정에서 더 들어간 비용을 반영하기 때문이야.

근데 뼈가 있는 치킨은 다리나 날개처럼
내가 좋아하는 부위만 골라서 먹을 수 있지만
순살치킨은 다 똑같이 생겨서
그렇게 먹을 수 없다고 생각하곤 하잖아.
하지만 사실 순살치킨의 경우도
뼈만 발라내서 조각낸 닭이기 때문에
퍽퍽살이랑 부드러운 살이 섞여 있거든.
대부분의 치킨집에서는 이렇게
여러 부위가 섞여 있는 순살을 사용하기 때문에
치킨을 먹을 때 자세히 관찰하고 음미하면
뭔가 다르다는 게 느껴질 때가 있을 거야.
많이 먹다 보면 뭐가 부드러운 살인지
척 보면 알아맞히는 투시 능력까지 갖출 수 있다더라고.

근데 다들 순살 왜 시키냐;
내 입이 뼈 발라내는 기계인데.

왜 세상에
캔 우유는 없는 걸까?

다들 우유 많이 먹지?

다른 음료수들을 보면 캔에 담겨 있는게 많은데.

왜 우유는 플라스틱이나 종이 팩에만 들어 있는 걸까?

알고 보니 이것도 다 과학적인 이유가 있더라고.

보통의 음료수들은 맛을 중요시하는데,

우유는 맛도 맛이지만 영양소를 가장 중요하게 생각하거든.

그래서 우유 안에는 단백질, 칼슘, 미네랄 등

정말 다양한 종류의 영양소들이 들어 있어.

영양소가 이렇게 많다는 건 뭘 의미할까?

바로 균도 먹고 살기 매우 좋은 환경이란 거야.

한마디로 엄청 쉽게 썩는다는 거지.

조금이라도 따듯해지면

아무리 멸균 처리한 우유라고 해도

맛과 품질이 매우 쉽게 변해.

이렇게 우유가 잘 상하다 보니

우유는 소의 젖에서 짜져 나오는 순간부터

우리의 입에 오는 순간까지

섭씨 5℃ 이하의 냉장 보관을 필수적으로 하거든.

그런데 열전도가 쉬운,

한마디로 쉽게 차가워졌다 뜨거워졌다 하는

알루미늄 캔에 우유를 넣게 된다면

잠시 창고에서 빼서 다시 넣거나 냉장고의 전원이 차단될 때

우유가 금방 상해버릴 거야.

또 알루미늄 캔에 우유를 넣고 운반하다가

실수로 떨어뜨리기라도 한다면

내부의 금속 코팅 막에 손상이 발생하면서

우유에 여러 금속 반응이 일어날 수 있고, 그 결과 품질이 안 좋아지지.

하지만 초코 우유 같은 경우는

우리가 흔히 접하는 그런 우유가 아니라

탈지분유를 비롯한 첨가물을 넣어 만든 것이기 때문에

맛과 품질에 변화가 적어서 캔에 담아도 괜찮아.

하긴 우유가 잘 상하긴 하지.

여름방학 시작 전에 숨겨둔 사물함 속 우유가

치즈가 되기도 했으니까.

삶은 계란을 날달걀로
만들 수 있을까?

다들 삶은 계란 먹어봤지?

이 삶은 계란을 다시 날계란으로 되돌릴 수 있을까?

뭔 소리인가 싶을 텐데 이게 또 가능하다고 하더라고.

일단 과학책에 따르면

물을 얼렸다 녹였다 하는 것처럼

계란을 삶았다 날 것으로 돌렸다 하는 것은 불가능하다고 해.

단백질은 원래 아미노산이 꼬여 있는 구조인데

열을 받을수록 더 복잡한 다른 구조로

바뀌어버리기 때문이지.

차갑게 해뒤도 원래대로 돌아가지 않고,

그 작은 단백질을 하나씩 잡고 일일이 풀어줄 수도 없어.

계란도 액체 상태였는데 열을 가하면 딱딱해지잖아.

이게 바로 단백질의 변성이야.
이렇게 한번 단백질이 변성되어버리면
원래의 모습으로 돌아가는 건 불가능하지.

하지만 호주의 한 연구실에서 이걸 가능하게 했거든.
먼저 흰자를 잘게 부숴서
'요소'라고 불리는 액체에 넣어줘.
그럼 단백질이 살짝 풀리게 되는데,
이걸 '와류 유체장치'라는 기계에 넣고
분당 5,000회 정도로 돌려주는 거야.
원래 모양대로 적당히 꼬아주는 거지.
이런 방법으로 삶은 계란을 날계란으로 바꾸는 데 성공했어.

하지만 구운 계란이나 계란프라이는 불가능해.
단백질이 너무 변형되었기 때문이지.
이건 90℃에서 적당히 삶은 계란만 되고,
그중에서 흰자만 가능하다고 하지.
이걸 가능하게 만든 와류 유체장치의 개발자 콜린 래스터 교수는
바보 같지만 멋진 연구를 한 사람들이 받는
'이그노벨상'을 받기도 했어.

이게 별로 안 어려워 보이지?
주머니에서 이리저리 꼬여서 실타래를 만들어버린 줄 이어폰을
엄청 흔들어 재끼면서 정갈하게 정리하라고 하면 어떨 것 같아?

왜 한국인은 -15℃에도
아아를 마실까?

한겨울에 춥다고 장갑에 목도리까지 하면서

곧 죽어도 커피는 아이스로 마시는 사람들 많잖아.

한국인들은 왜 '얼어 죽어도 아이스 아메리카노'를 찾는 걸까?

알고 보니 이것도 문화적인 이유가 있더라고.

최근 외신들은 'Eoljuka' 'Ah-Ah'를

한국어 발음 그대로 영문으로 표기하며

한국인의 아·아 사랑에 주목할 정도인데,

한국인 특유의 '빨리빨리' 문화의 영향이라며 분석했지.

이 외에도 한국인이 '얼죽아'인 이유는 또 있어.

한국 식습관 중엔 뜨거운 국 요리가 있는데,

뜨끈하게 한 그릇 때리고 나면

시원한 아·아를 마셔줘야 깔끔하거든.
또, 한국은 난방 시설이 잘되어 있어서
밖은 살벌하게 추워도 실내는 따뜻하니까
시원한 커피를 마셔도 큰 부담이 없지.

게다가 '이열치열' '이한치한'이라고 하잖아.
여름에 삼계탕 먹고 겨울에 냉면 먹는 한국인이
털옷 입고서 차가운 커피 마시는 건
과거부터 이어지는 한국인 특징 같은 거야.

그리고 한국의 수질이 깨끗한 편이라
예로부터 조상님들이 계곡물 등 차가운 물을
바로 떠마시는 습관이
지금의 얼죽아 민족을 만드는 데
한 몫 했다고 해.

그럼 한국인들은 대체 아·아를 얼마나 마시는 걸까?
실제 대형 커피 프랜차이즈인
'할리스'에 따르면
올해 1월의 아메리카노 판매량 중 아이스가 55%였다고 해.
게다가 '스타벅스'도 2021년 11월부터
추운 계절 4개월간 아이스 음료가 60%나 판매된 걸 보면
우리가 얼마나 아·아에 진심인지 알 수 있지.

영국 음식은
도대체 왜 이럴까?

전통 보양식 '장어 젤리',

양이나 송아지의 내장을 다져서

그걸 다시 양이나 송아지의 위에 넣어 만든 '하기스',

심지어 '정어리 파이'라고 들어본 적 있어?

이 모든 게 다 영국 음식이거든.

영국 음식은 대체 왜 이러는 걸까?

알고 보니 영국 음식이 이런 것도

다 사회적인 이유가 있더라고.

먼저, '기후적 환경' 때문이야.

영국의 기후는 1년에 절반 이상 비가 내리고

습했다, 건조했다를 반복해서

농산물을 생산하기 어려운 환경이지.

그러다 보니 뭘 좀 만들어 먹으려고 해도

식재료가 열악하니까

다양한 맛을 내는 데 한계가 있을 수밖에 없던 거야.

또, 영국에선 17세기 중후반 '올리버 크롬웰(Oliver Cromwell)'이

부패한 가톨릭을 몰아내고, '청교도 혁명'을 일으켰거든.

이때 바로 금욕주의를 내세워 통치를 시작했는데,

그중 음식도 정신을 좀먹는 향락이라며

먹는 것까지도 제재를 가했어.

심지어 요리사는 범죄자 취급까지 받았을 정도지.

한마디로 맛을 탐한다는 것은 곧 죄악이라는 거야.

그러다 보니 자연스럽게 음식 문화가 발전할 수 없던 거지.

게다가 '산업 혁명'을 겪은 것도 한몫하는데,

17세기 후반 이후에 영국은

직조 기계가 발명되어서 양모 산업이 급 떡상했어.

시골에 살던 사람들이 돈을 벌기 위해 도시로 나갔고,

하루에 14시간씩이나 일하다 보니

바빠서 밥해 먹을 시간도 없는 거야.

더군다나 부엌조차 없는 좁은 공동주택에 모여 살았지.

그렇게 영국 전통 요리는 자취를 감춰버렸어.

하긴 민트초코 출생지가 영국인 것만 봐도

왜 영국 음식이 맛없는지 알 것 같더라.

이건 논란의 여지가 있나? ㅎㅎ

과자 포장지 안쪽은
왜 다 은색일까?

과자 포장지를 뜯어보면

안쪽 면이 하나같이 반짝거리는 은색 비닐로 되어 있잖아.

왜 과자 봉지 안쪽은 다 은색일까?

여기에도 과학적인 이유가 있더라고.

일단 과자를 잘 보관하기 위해서는

몇 가지 조건을 충족시켜야 하는데,

먼저 과자에 산소가 닿지 않도록

완벽하게 차단해줘야 해.

과자가 공기 중의 산소와 접촉하면

과자의 성분이 변하는 산화 현상이 일어나게 되고,

이렇게 산화된 과자들은

영양이 손실되거나 모양이 변할 수도 있기 때문이지.

또 아무리 맛있는 과자라도
시간이 지나서 눅눅해지면
안 먹고 버리는 건 국룰이잖아.
그래서 과자에 수분이 스며들지 않도록
항상 건조한 환경을 유지해주는 건 물론이고,
내용물이 상하지 않게 햇빛도 차단해줘야 해.

그런데 이런 조건을 모두 만족시키려면
일반적인 비닐 포장지로는 한계가 있기 때문에
과자를 만드는 기업에서는 여러 종류의 소재를 겹친
'다층 포장지'라는 걸 사용하고 있어.
김밥 쌀 때 쓰는 은색 포일 알지?
바로 이것과 성분이 동일한 알루미늄 필름이
다층 포장지의 가장 아래층에 코팅되어 있어서
과자 봉지 안쪽이 은색을 띠고 있는 거야.

이렇게 알루미늄 필름으로 코팅을 하면
습기와 산소가 유입되는 걸 막아주고
햇빛도 완벽하게 차단해주기 때문에
과자뿐만 아니라 라면, 커피믹스 등의 포장에도 사용되고 있지.

그래서 나도 포장지 모아서 암막 커튼 만들려고
오늘부터 과자 10봉지씩 먹기로 했어.

식당 가서 수저 밑에
휴지를 까는 게 깨끗할까?

식당에서 수저를 놓을 때

그냥 식탁에 바로 놓는 사람도 있고,

휴지를 깔고 그 위에 놓는 사람도 있는데

과연 둘 중에 어떤 게 더 위생적일까?

일단 휴지를 까는 사람들의 주장에 따르면

식당은 불특정 다수의 사람이 공용으로 이용하는 공간이다 보니

밖에서 먼지나 세균이 들어와서 식탁에 묻을 확률이 높기 때문에

수저 밑에 꼭 휴지를 깔아야 한다고 하는데,

사실 식탁보다 휴지가 더 깨끗하다고 단정 지을 수는 없어.

대부분의 식당에서는 휴지를 식탁 위에 비치해놓는데,

식탁에 먼지가 쌓였다면

그 위에 놓여 있던 휴지에도 먼지가 쌓였을 가능성이 높은 데다가
휴지의 표면에는 미세한 주름들이 많아서
표면이 매끈한 식탁에 비해
오히려 먼지가 더 잘 끼기도 하거든.

그리고 식당에서는 휴지를 한 장씩
뽑아 쓰는 케이스를 사용하는 곳이 많잖아.
휴지는 '펄프'라는 소재로 이루어져 있는데,
이 소재는 굉장히 부드러워서
휴지를 뽑을 때 케이스와 마찰이 생기면
미세한 펄프 조각들이 떨어져 나오기 때문에
여기에 수저를 놓을 경우 수저에 이 펄프 조각들이 묻게 될 수도 있어.

그러니까 종합적으로 봤을 때
식탁이든 휴지든 미세한 세균과 이물질로부터
완전히 자유로울 수는 없기 때문에
휴지를 깐 것과 안 깐 것 둘 중에
뭐가 더 위생적이라고 정할 수는 없다는 거야.

그래도 정 찝찝하다면 차라리 앞접시나
수저 받침대 위에 놓는 게 가장 좋겠지.

근데 한국인 특징이
이런 것 알려줘도 어른들이랑 밥 먹을 때
휴지 깔지 말지 고민 오지게 함.

일본 편의점엔
왜 먹을 게 많을까?

일본 여행 하면 무조건

편의점 이야기가 빠지지 않고 나오잖아.

일본 편의점에서는 고퀄리티 도시락부터 시작해서

호텔급 베이커리까지 별 걸 다 팔아.

일본 편의점엔 왜 먹을 게 많은 걸까?

일본 편의점에 유독 이렇게 먹을 게 많은 것도

다 그럴 만한 이유가 있더라고.

1980년대 후반부터 2000년대를 넘어서까지

일본은 장기적인 경제 불황을 겪었는데,

이때 경제 불황으로 인해

집을 떠나 생계를 유지하며 살아가야 하는

1인 가구가 증가했거든.

그래서 사람들은 혼자 식당에 가서 밥을 먹기 보다
간단히 식사를 때울 수 있는 편의점을 찾게 되었고,
그러다 보니 편의점도 이들을 위한 메뉴 개발에
더 신경을 쓸 수밖에 없었어.

그리고 일본 편의점은 보통 간단히 먹을 걸 사거나
생필품 몇 가지만 살 수 있는 정도가 아니라
프린트는 물론, 환전도 할 수 있고
행사 티켓도 구입할 수 있는데,
그렇게 사람들의 일상과 아주 가깝게
자주 접하는 곳이 되다 보니
거기서 파는 음식에도 당연히
신경을 쓸 수밖에 없게 된 거지.

또 일본은 특유의 장인정신이 유명한 거 다들 알지?
장인정신으로 학용품, 캐릭터 등 이것저것 잘 만들어내잖아.
이 장인정신은 당연히
편의점 음식을 만드는 데도 깃들어 있겠지.
실제로, 장인정신이 고퀄리티 편의점 음식에 한몫했다고 하더라고.

결론은 일본의 경기침체,
편의점의 높은 활용도, 장인정신 등으로 인해
편의점 음식이 맛있어지고 종류도 다양해지기까지 했다는 건데…
야레야레…
일본, '성진국'에 이어서 배울 점이 늘었군….

01:00

감자칩 한 봉지에는
감자가 몇 개 들어 있나?

감자칩을 뜯어보면 감자가 한 주먹도 안 들어간 것 같아서

또 쓸데없이 질소를 산 건가 싶잖아.

과연 감자칩 한 개에는 감자가 몇 개나 들어갈까?

먼저 감자칩은 감자를 엄청나게 얇게 썬 다음

고온의 기름에 튀긴 거야.

그런데 튀기는 과정에서

물이 다 증발해버리기 때문에

감자 안에 들어 있는 수분이 다 날아가게 된단 말이야.

결국 수분이 증발해버리면서

감자의 무게가 80%나 날아가지.

가장 기본적인 감자칩인 '포카칩'을 기준으로

감자가 몇 개나 들어가 있나 보면

한 봉지의 무게는 66g인데

여기서 90%가 생감자라고 표기되어 있어.

그러면 59.4g이 진짜 감자라는 말인데,

이게 수분이 빠져서 만들어진 걸 감안하면

실제로는 생감자 297g을 과자로 만들었다는 거야.

보통 감자 하나의 무게가 150g 정도라고 하니까

감자 2개 정도가 들어 있다는 말이지.

감자의 크기나 감자에 들어 있는 수분의 양에 따라

감자가 2개도 안 될 수도 있고

3~4개가 될 수도 있어.

근데 실제로 감자를 이만큼 먹으면 배가 부를 텐데,

이거 먹는다고 배가 차진 않잖아?

감자에 들어 있는 수분 자체가

우리에게 포만감을 주는 역할을 하는데,

이렇게 수분을 다 날려버리면

당연히 포만감을 느끼기 어려워져.

그래서 감자칩 하나를 먹더라도

배부르게 먹고 싶으면

수분을 함께 섭취해주는 게 좋은데

이래서 내가 감자칩 먹을 때 꼭 콜라랑 먹는 거야.

육개장 큰 컵과 작은 컵의
맛이 다른 이유는?

육개장 컵라면 먹을 때 작은 컵과 큰 컵의 맛이

다르다는 거 느껴본 적 있지?

다른 컵라면은 크기가 달라도 맛이 크게 다르지 않은데

유독 육개장만 크기에 따라 다르게 느껴지는 것도 다 이유가 있더라고.

실제로 육개장의 고향인 '농심'의 한 관계자에 따르면

큰 컵과 작은 컵은 실제로 맛에 차이가 있다고 해.

먼저 작은 컵은 큰 컵에 비해 보온 효과가 좋아서

높은 온도를 오래 유지할 수 있는데,

그렇게 되면 면과 스프에서 우러나오는 맛을

더 잘 뽑아낼 수 있지.

실제 한 채널에서 큰 컵과 작은 컵에

같은 온도의 뜨거운 물을 부어놓고,

5분 후에 몇 도인지 재보니까
큰 컵은 대략 50도 정도, 작은 컵은 59도 정도로
확실한 온도 차이가 있었어.

또 면발 사이즈에도 차이가 있는데
큰 컵의 면발이 조금 더 굵어.
이렇게 애초에 다르게 구성된 이유는
육개장 큰 컵은 작은 컵이 나오고,
10년도 더 후에 나온 거라
라면을 만드는 관계자들이
시대에 따라 달라진 소비자의 입맛을 고려해서
맛에 변화를 주었기 때문이라고 해.

그런데 요즘엔 큰 컵이랑 작은 컵의 맛 차이가
옛날만큼 심하게 나지는 않던데,
사람들이 대부분 육개장 작은 컵만 사 먹다 보니
농심에서 큰 컵을 작은 컵의 맛에 맞춘 걸로 추측되고 있어.
육개장 작은 컵은 1982년 출시한 이래로
맛을 바꾸지 않고도 엄청난 판매량을 올리고 있으니
확실히 아직까진 작은 컵이 원조라는 느낌이 강하지.

근데 아무리 생각해도 육개장 작은 컵은
누구 코에 붙이라고 만든 건지 모르겠는데,
이거 하나 먹고 배부른 사람 있어?

아무것도 먹지 않고
며칠을 버틸 수 있을까?

과연 사람은

아무것도 안 먹고 얼마나 살 수 있을까?

먼저 물이나 나트륨은

단식투쟁을 하는 사람들도

이것만은 챙겨 먹을 만큼 생존에 필수적인 요소야.

이것 없이 단식을 한다면

생명이 위태로워질 수도 있고,

보통 3일에서 길어야 1주일밖에 못 버틴다고 해.

우리 몸은 반 이상이 물로 이루어져 있고,

물을 마셔서 전해질을 보충하며

몸의 밸런스를 맞춰 간단 말이지.

근데 이렇게 가장 중요한 물을 마시지 않으면

몸의 모든 밸런스가 깨지지.
그리고 나트륨은 음식물의 섭취를 통해
우리 몸이 신진대사도 하고,
또 체액의 pH를 유지하는 등의 역할을 해.
이것도 우리 몸을 만드는 데 있어서
아주 중요한 성분이거든.

그럼 물과 약간의 소금만 먹어가며
간신히 생명만 유지한다면 얼마나 버틸 수 있을까?
여기서부턴 보통 한 달 조금 넘게 버티는 사람이 많은데,
길면 두 달, 세 달 까지도 버티기도 한다고 해.
당연한 말이지만 사람마다 그간 먹어온 게 있고,
또 개인별로 신체적 특성이 다 다르기 때문에
얼마나 버티느냐는 사람에 따라 많은 차이가 나긴 하지.

그래도 우리 몸은 그동안 먹어왔던
탄수화물, 단백질, 지방 등을 죄다 에너지 연료로 바꿔서
우리가 죽지 않게 안간힘을 쓰기 때문에
몸은 많이 상하지만
그래도 목숨 부지는 가능하다고 해.

아무튼 사람은 뭘 안 먹고는 오래 못 버틴다는 거야.
갑자기 자기는 햇빛에서 나오는 에너지만 먹으며
수십 년을 살았다면서 세간의 주목을 받았던 사람이 생각나네.
글쎄, 알고 보니 밤마다 몰래 숨겨놓은 과자를 먹은 사람!

물 대신 음료수만 마시면
어떤 일이 생길까?

아무 맛이 안 나는 맹물보단

달달한 음료수를 마시는 게 정신 건강에 더 이롭잖아.

근데 음료수도 물로 만들어진 거니까

음료수만 먹어도 수분 보충이 될 것 같은데

물 대신 계속 음료수만 먹으면 어떻게 될까?

우리가 쉽게 사 마시는 음료수를 살펴보면

그냥 설탕물 그 자체거든.

먼저 음료 속에 포함된 높은 함량의 당은

체내 삼투압을 높여서 결과적으로

더 많은 수분을 필요로 해.

그러면 먼저 갈증이 나기 시작할 거고

그때 물을 마셔줘야 하는데

그래도 굴하지 않고 계속해서 음료수를 몸에 넣어버리면
이제 얘가 몸속에서 온갖 트롤 짓을 하고 돌아다닐 거거든.

일단 당이 잔뜩 포함된 물을 마셨기 때문에
혈당이 급격하게 치솟을 거야.
그럼 이제 몸에 돌아다니는 당을 낮추기 위해
'인슐린'이 미친 듯이 분비되겠지.
그러면 몸속의 혈당이 급격하게 낮아지니까
몸은 배가 고프다고 밥을 달라고 할 거야.
배가 고프다고 바로 밥을 먹게 되면
다시 체내에 혈당이 높아지겠지

이렇게 혈당이 막 올랐다 내렸다 난리를 치다 보면
당뇨가 유발될 수 있어.
당뇨를 치료하는 과정에서 인슐린 분비가 많아지는데
인슐린이 많이 분비되면
몸의 갑상선 기능이 억제된단 말이야.
그럼 무기력증에 피로, 비만도 따라오게 돼.

또 이런 당이 체내에 잔뜩 흡수되면
콜라겐 합성을 방해하면서
피부까지 늙어가는 수순을 밟게 될 거야.
음료 속의 과당은 세포의 활성산소 생성을 촉진하는 빌런으로
몸의 단백질이나 각종 조직, 장기를 손상시키고
머리부터 발끝까지 온몸의 장기들이 기력을 잃는 건 덤이지.

음료수를 마시고 나서
캬~ 하는 이유가 뭘까?

엄청 더운 날 엄청 시원한 음료수를 마시고 나면

키-야 한번 제대로 해줘야 하잖아.

왜 이런 캬~를 제대로 해줘야 하는 걸까?

알고 보니 우리가 이러는 것도

다 과학적인 근거와 사회문화적인 배경이 있더라고.

날이 너무 더울 때 엄청 시원한 음료를 마시면

일반적으로 조금씩 나눠서 마시지 않고,

숨도 안 쉬고 들이켜게 되잖아.

이때 숨을 힘껏 참았기 때문에

다 마시고 나면 숨을 크게 내쉬고 싶어져.

뿐만 아니라 차디찬 공기와 액체가 들어가면서

기도가 엄청 차가워지는데

이때 빠르게 숨을 뱉어내서 차가운 기도를 식혀줄 수 있어.

무더운 날 무엇보다 시원한 걸 먹으면 기분이 좋으니

이런 날숨이 기분 좋은 감탄사 형태로 나오는 거야.

근데 히야, 씨야, 호야 뭐 말이 많은데 왜 하필 '캬'일까?

이건 일종의 마케팅 때문이거든.

우리나라에 이제 막 냉장고가 보급되면서

사람들이 맥주나 음료를 차갑게 먹기 쉬워졌고,

이런 찬 음료를 먹었을 때

엄청나게 기분 좋은 청량감을 표현하기 위해서

일본이나 우리나라의 음료, 맥주 회사들이

광고에서 캬~라고 소리 내도록 만들었기 때문이야.

일종의 가스라이팅을 전국적으로 받게 되면서

우리나라 사람들은 자연스럽게

맥주나 찬 음료를 먹고 키야를 제대로 질러주게 된 거지.

근데 맥주 광고에서 이렇게 키야~를 지르는 게

청소년에게 좋지 않은 영향을 끼친다면서

주류 광고에 법률적으로 제재를 가했을 정도라고 하니

광고가 우리에게 얼마나 큰 영향을 끼치는지 알 수 있지.

그럼 만약 광고 회사들이 캬~가 아니라

또이야~ 이렇게 광고했다면

우리 모두 또이야~라고 했으려나.

(물 마시고) 또이야~

탄 걸 많이 먹으면
진짜 암에 걸릴까?

삼겹살 야무지게 구워 먹고 있는데

옆에서 누가

"탄 건 잘라 먹어!"

"많이 먹으면 암 걸려!"

이렇게 말하는 것 들어본 적 있잖아.

진짜 탄 걸 많이 먹으면 암에 걸릴까?

한 연구에서 고기를 불에 구울 때

고기가 타게 되면

탄 부분에 '벤조피렌'이라는 물질이

만들어지는 것을 발견했어.

그 후 동물 실험을 통해

벤조피렌이 몸에 들어오면

DNA에 영향을 준다는 사실이 밝혀졌지.

DNA는 몸을 구성하는 기본 단위인 세포가

어떻게 만들어지는지에 대한 지표인데,

벤조피렌이 DNA에 영향을 줘서

DNA가 제대로 지표 작용을 못 하면

세포가 원래 만들어져야 할 모양대로 만들어지지 않고,

변형을 일으키게 돼.

이렇게 정상 세포가 아닌 변형된 세포가 만들어지다

암세포로 변하게 되는 거야.

결국 탄 음식을 먹으면 암에 걸릴 수도 있다는 이야기지.

하지만 이 실험이

우리와는 신체 사이즈부터 다른 동물로 진행한 실험이라는 점에서

사람은 동물과는 면역 체계가 다르다는 반박이 나오며

아직 탄 음식이 인간의 암 유발에 얼마만큼 영향을 미치는지

제대로 밝혀진 바는 없어.

하지만 분명 탄 음식이 생명체의 몸에 영향을 끼치는 것은 맞고,

심지어 국제암연구소(IARC)는 벤조피렌이

사람에게 암을 일으키기에 충분하다고 판단해

인체발암물질로 분류하고 있으니

어느 정도는 주의해서 먹는 게 좋을 것 같아.

그래도 탄 부분 잘라내기가 너무 귀찮다고?

그러면 항암 작용한다는 마늘을 같이 먹으면 쌤쌤 아닌가?ㅋ

인간은 하루에
몇 끼를 먹어야 할까?

누구는 하루에 두 끼만 먹어도 충분하다고 하지만

나 같은 경우는 하루 네 끼 정도 먹어야 생활이 가능한데,

도대체 사람은 하루에 몇 끼를 먹어야 적당한 걸까?

사실 하루에 몇 끼가 가장 적당하다는 정답은 없어.

대부분의 의사와 전문가들은

'하루 두 끼론'과 '하루 세 끼론'으로 팽팽하게 갈리고 있지.

두 끼를 먹으라고 하는 이유는

보통은 먹는 음식의 양보다 쓰는 에너지의 양이 적다 보니

에너지가 다 사용되지 못한 채

우리 몸에 그대로 축적이 되어서

비만을 유발할 수 있고,

심하면 몸에 독소가 쌓일 수도 있기 때문이라는 거야.

세 끼를 챙겨 먹어야 한다는 의견으로는
우리 몸은 근육 유지 등의 이유로
단백질 섭취가 불가피한데,
세 번에 나눠서 섭취할 걸
두 번 만에 몰아서 섭취를 하면
우리 몸이 그걸 다 받아들일 수 없기 때문에
무조건 세 끼에 걸쳐서 영양분을 섭취해야 한다는 거지.

또 밥을 두 번 먹는 거랑 세 번 먹는 것에는
공복 시간의 차이가 확실히 있는데,
긴 공복 시간 후에 식사를 하게 되면
급격한 혈당 상승으로
여드름 같은 피부 염증을 일으킬 수 있다고 해.

참고로 종종 1일 1식을 하는 사람도 있는데,
이게 불필요한 음식의 섭취를 줄일 수 있어서
실제로 건강에 효과를 본 사람들도 있지만
사실 한 끼 안에 필요한 영양 균형을 다 맞추기도 어렵고,
현대사회에서 이렇게 식사하는 습관을 들이고 실천하는 건
너무 어렵다 보니 다른 방안을 찾는 게 낫다더라고.

역시 야식까지 네 끼를 챙겨 먹는 우리가 사실
제일 건강한 게 아닐까?

01:00

미슐랭이 뭔데
맛집을 정하는 걸까?

딱 1분만
집중해서 읽어봐

엄청난 맛집에 대해 이야기할 때면

항상 미슐랭 맛집을 언급하는데,

도대체 '미슐랭'이 뭔데 맛집을 정해줄까?

먼저 미슐랭은 사실 음식과 전혀 상관이 없는

'미쉐린타이어'라는 프랑스의 한 타이어 회사야.

이 회사는 처음에

타이어를 교체하러 오는 손님들에게 나눠주려는 목적으로

지도와 주유소,

그리고 운전하고 돌아다니다가

갈 수 있는 식당 등을 소개한 책자인

'미쉐린 가이드'를 만들었어.

자동차 여행 계획을 세우는 데 도움이 되는 정보를 제공하면

자동차 판매가 늘고,

그러면 타이어 판매도 함께 늘 것이라는 큰그림이었지.

그런데 이 책자가 꽤 유용하다 보니 유명해지기 시작한 거야.

그러면서 미쉐린타이어 회사에서는

물 들어올 때 노 젓겠다고

전문적으로 맛집을 찾을 수 있는

레스토랑 검사관 팀을 모집했고,

방방곡곡으로 맛집을 찾아 나가기 시작했어.

맛집을 찾는 방법은 생각보다 정교한데,

한 식당을 1년에 다섯 번 정도

평범한 손님으로 위장하고 방문해서

음식의 맛부터 분위기 등을 전체적으로 평가하고,

미슐랭 가이드에 실을지 말지

또 별은 몇 개나 줄지 정하거든.

아무튼 이렇게 신중하고 엄선된 방법으로 채택된 식당이니만큼

당연히 맛도 있을 거고,

사람들도 믿고 먹을 수 있게 되었어.

요즘엔 인터넷에 미쉐린 가이드라고 쳐서

사이트에 들어가면 서울 맛집도 나오고,

프랑스, 이탈리아 등 세계 각국의 맛집들도 알아볼 수 있으니

여행 가기 전에 한번 찾아보는 것도 좋아.

개풀 뜯어 먹는 소리는
도대체 무슨 소릴까?

"개풀 뜯어 먹는 소리 하고 있네"라는 말 알지?

대체 '개풀 뜯어 먹는 소리'는 무슨 뜻일까?

일단 이 속담의 유래가 정확하진 않지만

추측되는 설이 하나 있어.

어느 날 비가 오는데 누군가가

개가 풀을 뜯어 먹는 걸 순간 포착한 거야.

이게 흔한 광경은 아니니까

주변 사람들에게 "개가 풀을 뜯어 먹었다"라고 한 거지.

뜬금없이 이 말을 들은 사람들은 황당할 것 아니야.

"그건 말도 안 되는 소리다"라고 한 게

속담이 되어서 지금까지 전해진 거라고 해.

근데 진짜로 개가 풀을 뜯어 먹을 때가 있긴 하거든.

강아지 강 씨, 강형욱 훈련사의 말에 따르면

개가 스트레스를 받으면 풀을 뜯어 먹을 때도 있다고 했어.

사람도 가끔 스트레스 받을 때 손톱이나 입술을 물어뜯기도 하잖아.

그거랑 같은 거지.

근데 생각해보면 개가 풀을 뜯어 먹는 게 마냥 이상한 것도 아니야.

사실 개는 잡식이거든.

애초에 개는 췌장에서 식물의 녹말을 분해해.

한마디로 개가 풀을 먹고 소화를 시킬 수 있다는 거지.

아, 물론 건초같이 식이섬유가 있는 건 제외야.

식이섬유는 위가 아니라

장에 있는 세균이 발효시키면서 소화를 하는데,

이때 나오는 가스가 소화불량을 일으켜.

하지만 식이섬유가 적은 과일, 채소, 곡물 같은 건 개도 먹을 수 있지.

그러니까 개가 풀을 먹는 게

생각보다 그리 이상한 소리는 아니라는 거야.

그리고 '개풀'이라면 '강아지풀'이기도 하잖아.

어쩌면 이 강아지풀을 뜯는 소리도

개풀 뜯어 먹는 소리라고 할 수 있지 않겠어?

그러니까 '개풀 뜯어 먹는 소리'보단

'사람이 강아지풀 뜯어 먹는 소리'가

좀 더 헛소리에 가깝지 않을까?

정수기로 소변도
정수할 수 있을까?

우리는 일어나서 잠들기 전까지
하루에 1ℓ 이상의 소변을 본다고 하는데
정수기로 소변을 정수해서 마셔도 될까?

소변을 보면 우리 몸에서 사용하고 남은
노폐물이 물과 함께 배출되는데
이 노폐물에는 질소, 나트륨 등
물에 쉽게 녹는 요소들이 많이 포함되어 있어.
그런데 우리가 흔히 아는 정수 필터들은
이렇게 물에 녹아 있는 성분을 걸러내기보단
물에 있는 찌꺼기들을 걸러내는 데 초점이 맞춰져 있거든.
하지만 소변은 이미 우리 몸에서
찌꺼기가 대부분 걸러져 나온 액체이기 때문에

이런 필터로 걸러낼 찌꺼기가 그렇게 많지 않아.
한마디로 일반 정수기는 소용이 없다는 거지.

그런데 물에 녹아 있는 것까지 걸러내서
정말 순수한 물 분자만 통과시키는
'역삼투압 필터'라는 게 있는데,
이 필터를 이용한 역삼투압 정수기를 쓴다면
소변에 녹아 있는 수많은 노폐물까지 걸러내서
충분히 우리가 마실 수 있는 물로 만들 수 있어.

결론은 정수기 종류에 따라
소변을 정수해서 먹을 수도 있고, 못 먹을 수도 있다는 거야.

참고로 소변 민간요법이라고
소변이 몸에 좋다면서 소변을 마시는 사람들도 있는데,
이게 정말 건강에 도움이 된다는 과학적인 증거는 없어.
아까도 말했듯 소변은
우리 몸에서 나온 노폐물을 빼내는 수단인데,
소변을 마시는 건 이 노폐물을 먹는 거고,
소변이 밖에 노출되어 있으면
박테리아 같은 게 쉽게 증식하기도 해.

그런데… 소변도 정수기로 걸러 먹을 수 있는데
혹시 설사도 정수기로 걸러서 먹어도 될… 까…?

라면 봉지의 라면 사진,
과장 광고 아닐까?

실수로 밤에 라면 봉지를 발견하면

쫄깃한 면발을 참지 못하고

냄비에 불을 올리잖아.

근데 라면을 수백 번 이상 끓인 나도

아무리 노력해도 봉지 표지처럼은 안 되더라.

막상 라면 재료에는 계란도, 대왕 버섯도 없잖아.

뭔가 과장된 느낌이 드는데

라면 봉지는 허위, 과장 광고가 아닌 걸까?

일단 표시, 광고의 공정화에 관한 법률 제3조를 보면

거짓 또는 과장된 광고를 게시해

소비자가 오해하도록 하면 안 된다고 해.

그럼 딱 봐도 연출 같은 데다

반숙 계란 노른자도 없는 라면 봉지 광고는
누가 봐도 불법을 저지르고 있는 거잖아.
근데 사실 라면 봉지의 라면 사진은 '조리예'라서
엄밀히 말하면 제품 사진이라고 볼 순 없어.
라면을 이렇게 멋지게도 끓일 수 있다는
하나의 예시를 제공한 거지.

만약 여기 있는 사진이 조리예가 아닌
제품 사진이었다면, 충분히 문제가 되었겠지.
그러나 이 사진은 조리예인 데다가
실제로 계란, 버섯을 따로 사 와서
예시대로 따라 만들어 먹는 사람도 더러 있거든.
한마디로 불가능한 일이 전혀 아니니까.
허위 또는 거짓 광고라고 볼 수 없어.

사실상 소비자가
조리예처럼 만들어 먹으려고 사는 경우는 적어서
혼란스러워하는 상황도 많지 않아.
하지만 이게 조리예인 걸 소비자가 잘 알아볼 수 있게
'조리예'라는 글자를 조금 더 크게 적어놓아야 하는데
잘 보이지 않게 숨겨놓은 건 조금 아쉽기도 해.
그래서 일본처럼 100% 실제 제품 이미지만
사용하자는 주장도 제기되고 있어.

공깃밥이 2천 원이면
안 되는 이유가 있다?

'공깃밥 천 원 룰'은 20년 이상 지켜온

우리 사회의 불문율이 되어버린 지 오래잖아.

요즘 슬금슬금 공깃밥 가격을 올리는

식당들이 하나둘 생기고 있던데,

공깃밥 천 원 룰을 꼭 지켜야 하는 것도 다 이유가 있더라고.

한국인은 만났을 때 '밥 먹었냐'는 인사말로 시작해서

'나중에 밥 한번 먹자'로 헤어지고

부탁할 땐 '밥 살 테니 도와달라'고 하고

플러팅할 땐 '밥 한 끼 같이 먹자'고 들이대고

심지어 밥 잘 먹는 사람이 이상형인 사람도 있을 만큼

밥에 '진심'이거든.

요식업계는 식재료의 35%를 마진으로 보는데,
공깃밥 한 공기의 원가를 따져보면
20kg 쌀 한 포대를 기준으로 200~300원 수준이야.
공깃밥 하나의 원가가 500원을 넘어가지 않기 때문에
마진이 없는 품목도 아니라는 거지.

심지어 지금 국내 쌀 자급률은
90%를 넘어갈 만큼 수급이 안정적이어서
공깃밥 한 공기에
2천 원이나 받아야 할 이유가 없어.

심지어 공깃밥이 다 같은 공깃밥이 아닐 때가 많잖아.
열어보면 양을 엄청 적게 주는 곳도 있고,
주걱으로 쌀밥 사이사이 공간을 만들어
쌓아올리는 곳도 있다고 하는데
진짜 이게 맞냐?

뭐 공깃밥 가격을 인상할 계획인 사장님들은
배달 용기와 배달 앱 수수료 부담도 크기 때문에
공깃밥 천 원 룰은 깨져야 한다고들 하시던데,
공깃밥 양을 줄이거나 천 원 룰을 깨기보다는
다른 메뉴의 가격을 올리는 게 좋을 겁니다….

공깃밥은 절대 건들지 말아야 하는
금단의 영역이라구요. 아 . 시 . 겠 . 어 . 요?

우리나라 남자들은
왜 제육을 좋아할까?

남자들끼리 밥 먹을 때

거의 호불호가 갈리지 않고 먹는 게

바로 제육볶음이라고 하잖아.

알고 보니 남자들이 제육을 좋아하는 것도

다 그럴 만한 이유가 있더라고.

먼저 남자는 여자에 비해 식사 시간이 엄청 짧단 말이야.

초중고의 점심시간을 거치면서

빠르게 먹고 축구하러 달려 나가야 했던 습관이 박힌 거지.

한 대학교의 연구에서도

혼자 밥을 먹는 남학생의 10% 이상이

밥을 5분 안에 해치운다고 나타날 정도였어.

아무튼 한 끼 식사를

빠르게 끝낼 수 있는 걸 중요시하는데,

딱 제육볶음이 빠른 회전율을 자랑하는 음식 중 하나란 말이야.

예를 들어 파스타 같은 걸 먹으려면

면도 삶아야 하고 소스도 넣고 볶아서

예쁜 접시에 플레이팅 되어 나오느라 오랜 시간이 소요되지만,

제육볶음 같은 경우 양념된 고기만 살짝 볶아서 내놓거나

볶아놓은 걸 그대로 가져다주기도 하니

아무리 배가 고파도 식당에 들어가서 앉으면

주문 후 음식이 입에 들어가기까지

빠르면 3분도 안 걸리거든.

또 미국 코넬대학교의 연구에서도

남성이 여성보다 고기를 더 선호한다고 했는데,

제육볶음은 고기로 만든 음식이니 더할 나위 없지.

아무튼 짧고 굵게 모든 니즈를 만족시키는데,

여기에 가성비가 진짜 좋다는 미덕까지 갖추고 있단 말이야.

같은 돼지고기인 삼겹살과 비교했을 때

훨씬 더 저렴하게 한 끼 때울 수 있다는 것과

제육 이외에도 갖가지 반찬,

운 좋으면 계란 물 묻힌 햄에 후식 요구르트까지

나온다는 것도 장점이지.

사실 이런 부가적인 설명을 제외하고

내 동생 찬우한테 물어보니까

그냥 제육볶음이 맛있어서 좋은 거래.

너무 재밌고 유익하고 신박하다!

딱 1분만 읽어봐

1분만 지음 | 값 16,500원

구독자 92만 유튜브 채널 '1분만'을 책으로 만난다. 바쁜 현대인들을 위한 초간단 교양서
이다. 1분이라는 짧은 시간 안에 세상의 지식을 위트 가득하게 전달하기에 성인들뿐만
아니라 10대 학생들에게도 폭발적인 인기를 누리고 있다. 과학, 사회학, 심리학, 정치학,
물리학 등의 근거를 바탕으로 답을 유쾌하게 풀어내주기에 이 책 한 권이면 멋진 교양인
으로 거듭날 수 있을 것이다.

복잡한 세상이 술술 읽히는 세상의 모든 TOP 10

벌거벗은 교양

지식스쿨 지음 | 값 18,000원

구독자 29만 명에 조회수 1억 회를 기록한 화제의 유튜브 채널인 지식스쿨을 책으로 만
난다. 지식스쿨은 역사·문화·사회·과학·정치·경제 등을 넘나드는 다양한 인문학적 지식
을 TOP 10 형식으로 재미있게 풀어준다. 기존의 나열식 방식이 아닌 순위로 구분해 설명
하기 때문에 호기심을 자극해 내용에 더 집중하게 된다. TOP 10 콘텐츠 중에서도 각별히
사람들의 큰 관심을 받았던 내용을 엄선해 묶었다.

자기를 온전히 믿고 살아가라

에머슨의 자기 신뢰

랠프 월도 에머슨 지음 | 값 12,000원

이 책은 인간이 자기 신뢰를 기초로 행동함으로써 더 나은 성취를 이룰 수 있다는 깊은
통찰이 담긴 에세이다. 에머슨은 '자신을 믿는 사람은 세계에서 가장 강한 사람'이라고
말한다. 자기 신뢰를 실천하면 내 안에 놀라운 힘을 발견하게 된다는 것이다. 이 책을 읽
는 독자는 자신을 믿고 자신의 능력에 대해 자부심을 가짐으로써 더 큰 성공과 함께 만
족스러운 삶을 살아갈 수 있을 것이다.

세계사의 흐름이 단숨에 정리된다

한번 읽으면 절대로 잊지 않는 세계사 공부

신진희 지음 | 값 15,000원

이 책에서 다루고 있는 7개의 키워드, 국가, 종교, 혁명, 제국, 도시, 과학, 법으로 세계사
를 살펴보면 인류 역사뿐만 아니라 현재까지도 정확하게 이해할 수 있다. 역사에 대해 알
고 싶지만 방대한 양에 시작하기가 두려운 사람들, 쉽게 세계사를 기억하고 싶은 사람들
이라면 이 책을 단 한 번 읽는 것만으로도 충분하다. 시대를 보는 눈을 키우고 삶의 통찰
력을 얻고 싶다면 이 책으로 세계사의 흐름을 파악하자.

무엇을 위해 살고, 무엇을 사랑할 것인가?

위대한 철학자들의 죽음 수업
몽테뉴 외 지음 | 값 15,000원

위대한 철학자 5인의 '죽음에 대한 생각'을 한 권의 책으로 묶어낸 고전 편역서이다. 고대에서부터 현대까지 수많은 철학자들이 답을 찾고자 매달려온 철학적 주제이자, 영원히 풀리지 않을 숙제인 '죽음'에 대한 남다른 고찰이 엿보인다. 책을 관통하는 메시지는 '죽음에 대한 이해를 통해 삶을 더욱 온전히 이해할 수 있다'는 것이다. 인간 본질에 대한 철학자들의 통찰과 지혜가 죽음을 이해하고 현명한 삶을 살게 하는 열쇠가 되어줄 것이다.

여자의 복잡한 마음을 꿰뚫는 관계 심리학

심리학으로 이해하는 여자의 인간관계와 감정
이시하라 가즈코 지음 | 값 15,000원

여성 간 인간관계로 어려움을 겪는 이들을 위해 일본의 유명 심리 카운슬러가 여성만의 독특한 인간관계 문제와 복잡 미묘한 감정의 특성을 심리학으로 해설한다. 여성의 심리를 대변하는 176개의 핵심 키워드를 일상적 사례를 들어 설명하기 때문에 쉽고 재미있다. 가정, 학교, 직장, 엄마들 모임 등 다양한 환경에서 활용 가능한 실천적 문제해결법을 제시하는 이 책은 힘든 관계에서 나를 보호하는 강력한 솔루션이 되어줄 것이다.

주체적이고 행복한 삶을 위한 철학 에세이

세네카의 말
루키우스 안나이우스 세네카 지음 | 값 16,000원

이 책은 우리의 짧은 인생을 윤택하게 만드는 방법에 대해 알려주는 철학 에세이다. 저자인 세네카는 고대 스토아 철학의 대가로 주체적인 삶을 살아야 함을 강조하고, 과거도 미래도 아닌 '지금 이 순간'을 충만하게 사는 것이 중요함을 말한다. 또 이성으로 감정과 욕망을 통제하는 것을 중시하는 스토아학파답게 '화'라는 감정을 적절히 다스려 현인으로 성장하는 법을 제시한다. 이 책을 통해 유한한 삶을 후회 없이 살아가는 방법에 대한 힌트를 얻을 수 있을 것이다.

어떻게 살아야 행복할 수 있는가

톨스토이의 인생론
레프 톨스토이 지음 | 값 11,000원

레프 톨스토이는 세계적인 대문호이자 위대한 사상가이기도 하다. 그는 인생에 대해 끊임없이 고뇌하고 거기서 얻은 사상을 현실에서 구현하려고 노력했다. 15년에 걸쳐 집필한 결과물이 바로 『인생론』이다. 이 책은 톨스토이가 직접 쓴 글은 물론이고 동서양을 막론한 수많은 작품과 선집에서 톨스토이가 직접 선별한 내용을 담고 있다. 인생의 지혜를 톨스토이 특유의 짧고 간결한 문장으로 만나볼 수 있을 것이다.

■ 독자 여러분의 소중한 원고를 기다립니다

메이트북스는 독자 여러분의 소중한 원고를 기다리고 있습니다. 집필을 끝냈거나 집필중인 원고가 있으신 분은 khg0109@hanmail.net으로 원고의 간단한 기획의도와 개요, 연락처 등과 함께 보내주시면 최대한 빨리 검토한 후에 연락드리겠습니다. 머뭇거리지 마시고 언제라도 메이트북스의 문을 두드리시면 반갑게 맞이하겠습니다.

■ 메이트북스 SNS는 보물창고입니다

메이트북스 홈페이지 www.matebooks.co.kr

책에 대한 칼럼 및 신간정보, 베스트셀러 및 스테디셀러 정보뿐만 아니라 저자의 인터뷰 및 책 소개 동영상을 보실 수 있습니다.

메이트북스 유튜브 bit.ly/2qXrcUb

활발하게 업로드되는 저자의 인터뷰, 책 소개 동영상을 통해 책에서는 접할 수 없었던 입체적인 정보들을 경험하실 수 있습니다.

메이트북스 블로그 blog.naver.com/1n1media

1분 전문가 칼럼, 화제의 책, 화제의 동영상 등 독자 여러분을 위해 다양한 콘텐츠를 매일 올리고 있습니다.

메이트북스 네이버 포스트 post.naver.com/1n1media

도서 내용을 재구성해 만든 블로그형, 카드뉴스형 포스트를 통해 유익하고 통찰력 있는 정보들을 경험하실 수 있습니다.

STEP 1. 네이버 검색창 옆의 카메라 모양 아이콘을 누르세요. STEP 2. 스마트렌즈를 통해 각 QR코드를 스캔하시면 됩니다.
STEP 3. 팝업창을 누르시면 메이트북스의 SNS가 나옵니다.